ESTRATEGIAS DE MANEJO DEL TIEMPO Y EFECTIVAS

Consigue Realizar Las Cosas En Menos Tiempo Y Desarrolla Habitos Productivos Con Tácticas Probadas Por Expertos

Tabla de Contenidos

Introducción

El único recurso que no puede intercambiar, comprar o pedir prestado es el tiempo. Ni siquiera sigue una de las leyes fundamentales de la oferta y la demanda: la alta demanda hace que la oferta aumente y satisfaga la demanda. Aunque todos tenemos acceso a la misma cantidad de tiempo cada día -1,440 minutos- usamos nuestro tiempo de manera diferente.

Su éxito o fracaso en la vida depende principalmente de sus capacidades de gestión del tiempo. Para tener éxito, usted necesita invertir una cantidad significativa de tiempo para lograr su objetivo o mejorar sus debilidades. En ciertas temporadas, pasaba más tiempo que mis competidores para poder tener ventaja sobre ellos en el mercado. No asumí que era mentalmente superior a mis competidores; sólo dediqué tiempo de manera más efectiva para equilibrar el campo de juego.

Usted necesita balancear el tiempo que pasa en casa y el tiempo que pasa en el trabajo. Si no, tendrá éxito en uno y fracasará en el otro. No tema; este libro le mostrará cómo equilibrar su trabajo y su hogar de manera efectiva. Lo felicito por invertir en su vida y en su éxito leyendo este libro.

Si está leyendo esto, probablemente sea porque:

- Usted quiere estar seguro de que puede cuidarse a sí mismo y a su familia.
- Desea un éxito duradero en su carrera y en su vida personal

- Quiere que sus amigos y familiares estén orgullosos de usted y de sus logros.

Esto es lo que probablemente está haciendo bien en su vida:

Puesto que usted es serio acerca de mejorar su experiencia de vida, posiblemente esté implementando estas estrategias básicas de éxito profesional:

- Usted se asegura de que su desempeño en el trabajo supere las expectativas de sus jefes.
- Llegas temprano y cuando es necesario, trabaja horas extras
- Usted está mejorando continuamente para mejorar su rendimiento laboral
- Busca mentores y se relaciona con sus compañeros

La verdad es que ninguna de estas acciones lo elevará al estilo de vida personal o profesional que usted desea y merece. Por qué? Déjeme explicarle:

Para que todas las cosas funcionen correctamente, tiene que haber un equilibrio. Usemos el ciclo de centrifugado de la lavadora como ilustración. Cuando hay demasiadas toallas en un lado de la bañera, se golpea y vibra. Si no lo arregla a tiempo, los cojinetes se romperán y las reparaciones pueden ser costosas.

Su vida puede compararse a la de la lavadora. Si usted sólo enfoca e implementa los pasos necesarios para el éxito de la mayoría de las personas, logrará el mismo nivel de éxito que ellos. Por lo tanto, es posible que nunca logre todo lo que desea o necesita en la vida. Su vida estará completamente desequilibrada.

Con el tiempo, usted comenzará a agotarse espiritual, física y emocionalmente. En consecuencia, usted puede comenzar a experimentar problemas sociales, problemas de relación y problemas de salud tales como depresión, diabetes, enfermedades cardíacas e hipertensión arterial. Cuando usted vive continuamente una vida desequilibrada, es posible que nunca logre sus metas o ambiciones establecidas.

Durante siglos, los chinos han conocido y han estado implementando el principio del yin y el yang. El principio establece que "dos mitades que se complementan entre si producen la totalidad". La palabra clave aquí es "totalidad". Las dos mitades son su mente y su cuerpo; trabajan juntas para hacer su vida completa.

Si su vida no es completa, usted no es diferente de las toallas mojadas que se balancean alrededor de la lavadora.

Déjenme decirles un secreto: cada persona exitosa que han conocido y conocerán son maestros de la productividad. Si un experto le entregara la guía completa para el éxito a través de una gestión adecuada del tiempo, ¿implementaría los pasos de la guía?

- ¿Utilizará los secretos para aumentar su productividad y elevar su nivel de éxito?
- Si descubre los secretos de productividad de las personas más exitosas, ¿implementará estos secretos?
- Estoy dispuesto a mostrarle con exactitud lo que hago diariamente para lograr consistentemente mi carrera y mis metas personales para vivir el tipo de estilo de vida que usted busca. ¿Está dispuesto a seguir fielmente estos pasos?

Si su respuesta es afirmativa a estas tres preguntas, entonces está listo para alcanzar un nuevo nivel de éxito con la *Gestión de tiempo: Pasos y estrategias probadas para administrar su tiempo de manera eficiente y efectiva.* Este libro

- No es sólo una guía de animadoras rah-rah que te entusiasma con biografías y citas de personas exitosas. No encontrarás los típicos "secretos de la gestión del tiempo" que se copian y pegan de artículos de Internet y se juntan como si fueran una novela de ficción barata.
- Detalla mis acciones diarias exactas y por supuesto, soy una persona exitosa y realizada.
- Le muestra cómo priorizar cuando todo es importante
- Profundiza en las técnicas para lograr sus objetivos
- Le lleva a los mayores asesinos de la productividad y cómo superarlos.
- Le ayuda a silenciar las distracciones internas
- Le dice maneras confiables de derrotar las distracciones externas
- Contiene ejemplos de fijación de objetivos de los maestros de negocios
- Discute los problemas de gestión del tiempo de las personas exitosas.
- Le lleva a las rutinas matutinas de los emprendedores pioneros

No voy a llamar a este libro un libro que cambia la vida. En vez de eso, lo llamaré un libro para mejorar la vida. Con él, empiezas con la vida que has construido y la elevas a los niveles que deseas, implementando los pasos exactos de personas verdaderamente exitosas.

En este libro encontrará la información precisa que necesita. Puede empezar desde la primera página o leer sobre los temas que le causan más dificultad. Puedo asegurarle que este libro le ayudará a maximizar las escasas 24 horas que todos tenemos por día.

Por ejemplo, usted puede revisar el capítulo uno para ver si hay señales que sugieran que su gestión del tiempo es un asco. Además, en el capítulo tres, descubrirá las razones comunes por las que no puede hacer nada con sus listas de tareas.

El punto es que, independientemente del capítulo que elija para empezar a leer, descubrirá muchos pasos valiosos que puede implementar. Así, usted puede aumentar su rendimiento sin aumentar sus horas de trabajo.

Capítulo 1 - Dejar de perder el tiempo

La importancia de la gestión de tiempos

Por definición, la gestión del tiempo es un proceso de organización y planificación del tiempo entre actividades específicas para lograr eficiencia.

El tiempo es valioso para nosotros, le asigne o no un valor en dólares. Piense en el número de veces que se quejó de que no tuvo tiempo suficiente para alcanzar una meta o completar una tarea durante la semana pasada. Si no entiende completamente por qué es crucial que gestione mejor su tiempo, entonces, tomar medidas como descargar aplicaciones de gestión del tiempo, crear listas o ajustar su tiempo de inactividad no le ayudará a resolver sus problemas. En primer lugar, eche un vistazo al panorama general para comprender lo que ganará con una gestión eficaz de su tiempo. Aquí hay ocho razones críticas por las que usted necesita manejar su tiempo de manera efectiva:

1. Prevenir la postergación

No hay lugar para la dilación cuando se practica una gestión adecuada del tiempo. Usted se volverá más auto disciplinado a medida que vaya manejando mejor su tiempo. Así, usted puede llegar a ser auto disciplinado en otras áreas de su vida donde le falta disciplina.

2. Encuentre el tiempo para relajarse

Debido a las responsabilidades familiares, mandados y trabajos, la mayoría de nosotros no tenemos suficiente tiempo para relajarnos y descansar. Luchamos por encontrar sólo 10 minutos para sentarnos y no hacer nada. Con prácticas apropiadas de manejo del tiempo, usted podrá hacer más durante el día y crear el tiempo para relajarse, descansar y prepararse para una buena noche de sueño más tarde en el día.

3. Evite el estrés

Es fácil sentirse apurado y abrumado cuando usted no tiene control de su tiempo. De esta manera, usted comenzará a luchar para completar sus tareas. Imagínate que está haciendo esfuerzos frenéticos para terminar un proyecto para no perderse una fecha límite. Luego, su jefe deja caer un nuevo trabajo en su escritorio y le pregunta cuándo puede completar la nueva tarea. ¿Cuál será su respuesta?

Sin embargo, cuando pueda administrar su tiempo, completará la mayoría de los proyectos antes de las fechas límite. Puede estimar adecuadamente el período que utilizará para completar una tarea y tener confianza en el cumplimiento de los plazos.

4. Aprovechar las oportunidades de aprendizaje

Usted se vuelve más valioso para su empleador a medida que mejora su repertorio. Pero si no tiene tiempo para mejorar sus conocimientos, ¿cómo puede ser más relevante para su empleador? Una vez que practiques excelentes habilidades de administración del tiempo, podrás aprovechar las grandes oportunidades de aprendizaje que lo rodean.

No significa volver a obtener certificados adicionales. Aprender puede ser tan simple como ofrecerse como voluntario para acoger la jornada de puertas abiertas de su empresa. También puede almorzar con colegas de otros departamentos para obtener más información sobre lo que hacen. Cuando usted tiene un conocimiento adecuado sobre su compañía y su industria, tiene una mayor posibilidad de ascender rápidamente en la escala corporativa.

5. Estar en control de su vida

En lugar de seguir a otros ciegamente, el manejo del tiempo le permite controlar su vida de la manera que usted desea. De esta manera, usted toma más decisiones acertadas y logra más cada día. Por lo tanto, los líderes de su industria comenzarán a buscar su ayuda para hacer las cosas. Con esta mayor exposición, usted se encuentra en una posición perfecta para oportunidades avanzadas.

6. Mejore su toma de decisiones

Independientemente de las técnicas de gestión del tiempo que adopte, un beneficio secundario significativo de una buena práctica de gestión del tiempo es que usted comienza a tomar mejores decisiones. Cuando no tiene tiempo para considerar sus opciones antes de tomar una decisión, saca conclusiones y toma malas decisiones. A través de una gestión eficaz del tiempo, usted se siente más en control y puede examinar a fondo sus opciones antes de tomar una decisión.

7. Mejore su enfoque

Cuando usted tiene el control de su tiempo, su concentración mejora y su eficiencia aumenta. De este modo, podrá realizar sus tareas diarias de forma rápida y eficaz.

¿Desea completar sistemáticamente más tareas que cualquier otra persona? ¿Busca ascensos o premios? Entonces, usted necesita encontrar los medios para administrar su tiempo.

Señales de que está fallando en el manejo de su tiempo

Usted:

- Constantemente tiene más que hacer que el tiempo para hacerlo?
- ¿No descansa desde el momento en que se despierta hasta el momento en que duerme por la noche?
- ¿Siempre se siente cansado después de cada día de trabajo?

Un atributo vital de un gerente capacitado es la eficacia. Si usted tiene la intención de lograr una meta y no está completando las tareas correctas para lograr esa meta, no la logrará.

A continuación, se incluyen algunos de los signos más comunes de que no está logrando controlar su tiempo:

1. Ninguna delegación de tareas

Necesita identificar las tareas que puede delegar, automatizar o subcontratar y eliminarlas de su carga de trabajo. Aquí hay ejemplos de tareas que puede delegar:

- Sus tareas que consumen más tiempo. Estas tareas podrían ser la investigación de clientes, el desarrollo de una estrategia de marketing, la recopilación y presentación de datos, la generación de tráfico y la mejora de la tasa de clics.
- Tareas que otros podrían disfrutar. Es posible que se haya aburrido de una tarea después de completarla repetidamente. Por lo tanto, si cree que algunos de sus colegas podrían disfrutarlo, delegue esa tarea en ellos. Además, si un colega se ofrece como voluntario para una tarea, permítale realizarla.

- Tareas en las que los compañeros de equipo tienen mejores habilidades. Dedique su tiempo a otras cosas y permita que los compañeros de equipo con mejores destrezas manejen tareas que se adapten a sus destrezas y habilidades. Evite ser la competencia para sus compañeros de equipo. Si son mejores en una tarea que usted, de que la hagan.
- Tareas divertidas. Es probable que sus compañeros de equipo se ofendan cuando usted realiza todas las tareas agradables y les pides que se ocupen de las tareas tediosas. ¿Por qué guarda la diversión para usted? Deje que compartan la diversión.
- Tareas regulares. Estas son tareas recurrentes (semanales o mensuales) y cosas que deben hacerse después de completar un proyecto.

2. De acuerdo con todo el mundo

Si usted continuamente está de acuerdo en hacer las cosas por todos, excluyendo a sus seres queridos, no tendrá tiempo para mejorar su vida o tener tiempo para sus seres queridos. Si siempre está ayudando a otros sin trabajar en las tareas importantes que le han sido asignadas, tendrá constantemente una carga de trabajo excesiva. Ser asertivo y aprender a decir "no" es una de las mejores maneras de mejorar la gestión del tiempo.

Aunque es fantástico ayudar a sus compañeros de equipo en el trabajo, sólo debería ser un acontecimiento ocasional. Si se convierte en algo regular, usted está haciendo su trabajo por ellos y ya no los está ayudando. Necesitan averiguar cómo trabajar sin tener que pedirle ayuda continuamente. De lo contrario, también tienen problemas de gestión del tiempo, y necesitan resolverlos rápidamente.

3. Indecisión

¿Tiene experiencia en dedicar mucho tiempo a considerar varias opciones pero aún no puede tomar una decisión? Es una señal de que usted tiene una mala administración del tiempo. Este signo se relaciona con tener objetivos mal definidos. Cuando sus objetivos están claramente definidos, usted tiene una base para elegir su próxima tarea más importante en cualquier momento dado. La siguiente tarea se elige a menudo en función de la rentabilidad de la inversión. Por ejemplo, suponiendo que debe elegir entre dos tareas de una hora. La tarea A le dará un ROI de $100, mientras que la tarea B le dará un ROI de $150. Si su meta es ganar más dinero, su elección obvia es la tarea B.

Las tareas varían en tiempo de ejecución y costos. Además, es posible que tenga restricciones en la siguiente tarea a realizar debido a los recursos disponibles, los niveles de energía y otros factores. Después de un objetivo claramente definido, he aquí una pregunta que puede hacer para tomar una decisión fácil sobre la siguiente tarea a realizar. "Usando el tiempo y los recursos que dispongo, ¿cuál es la tarea más importante que puedo hacer?"

4. Perfeccionismo

Cuando las tareas tardan demasiado en realizarse o incluso fallan porque quería asegurarse de que todo fuera perfecto, usted es un mal administrador del tiempo. Cuando se sienta abrumado por la necesidad de perfección, no se da cuenta de que muy pocas tareas se realizan de manera impecable en la realidad. Al hacer demandas poco realistas de sus compañeros de equipo, su deseo de perfección puede destruir sus relaciones con ellos. Si usted reprende a sus colegas cuando no logran alcanzar sus estándares perfectos, tendrá dificultades para encontrar colegas dispuestos a trabajar con usted.

Como no puede mantener relaciones de trabajo cordiales con sus colegas, siempre tendrá problemas de gestión del tiempo. No puede hacerlo todo solo. Usted debe darse cuenta de que la perfección es imposible y, la mayoría de las veces, innecesaria. Sólo exija lo mejor de sus colegas para cada tarea. A continuación, utilizando la retroalimentación de las tareas completadas, puede realizar las mejoras necesarias.

Tenga en cuenta que un trabajo perfecto que nunca se completa es inútil en comparación con un trabajo promedio que cumple con la fecha límite.

5. Disminución de la productividad

Cuando gestiona mal su tiempo, no cumple con los plazos de entrega, tiene un aumento de la cartera de pedidos y su productividad disminuye. La gestión del tiempo y la gestión de la energía son igualmente importantes. Si no puede hacer nada con sus niveles de energía, simplemente organizar su tiempo es una pérdida de esfuerzo. Una vez que se han reducido los niveles de energía, se empieza a tener una mala gestión del tiempo. Por lo tanto, usted se encuentra bajo una intensa presión para completar las tareas sin perder el plazo requerido. Esto incluso absorbe más de sus niveles de energía.

Lleve un registro de sus niveles de energía cuando se esfuerza por encontrar la causa de su mala gestión del tiempo. Busque formas de mejorar su gestión de la energía.

6. Objetivos mal definidos

Sólo se puede priorizar cuando se han definido claramente los objetivos. Por consiguiente, puede completar sus tareas a tiempo. Cada objetivo debe tener un esquema claramente definido: qué lograr, cuándo alcanzarlo y el orden de importancia. Usted necesita establecer objetivos claramente definidos en torno a su programa de actividades. De esta manera, usted gana claridad sobre lo que se debe hacer y cuándo debe hacerlo.

Según el principio 80/20, no todas las tareas tienen la misma importancia. En promedio, el 20% de sus esfuerzos serán responsables del 80% de sus resultados. El porcentaje más pequeño de las tareas que realice será responsable del porcentaje más significativo de los resultados que obtenga. Sólo se pueden identificar las tareas 80/20 cuando se tienen objetivos claramente definidos. Un beneficio adicional es que eliminará las tareas que consumen mucho tiempo.

7. Encontrar excusas

La presión de no cumplir con una fecha límite lo hace impaciente. Por lo tanto, usted comienza a encontrar razones para no cumplir con sus plazos. La mayoría de las personas atribuyen su mala gestión del tiempo a las personas, a la tecnología o a ambos. Pero la verdad es que, si usted no ha podido manejar su tiempo correctamente, las personas y la tecnología no pueden ayudarle. Asegúrese de que sólo está trabajando en tareas esenciales que puede completar utilizando el tiempo y los recursos disponibles.

Arruinará su capacidad de concentrarse en la tarea crucial añadiendo una fecha límite innecesaria. Asumiendo que hay una tarea que necesita ser completada para el cierre del negocio de mañana, pero usted decidió cambiar la fecha límite al cierre del negocio de hoy sin ser presionado para hacerlo. Sólo se estaría sometiendo a una presión innecesaria y corriendo para completar la tarea. Mientras que, por el contrario, habría sido mejor para usted difundir el proceso de la tarea entre hoy y mañana.

8. Apresuramiento

Cuando usted se apresura a realizar tareas, es una señal de que no tiene suficiente tiempo para estas tareas o de que no cumple con las expectativas de estas tareas. Aunque algunas tareas requieren un poco de prisa, no debe apresurarse a completar todas las tareas asignadas. Usted debe tener suficiente tiempo entre las tareas para hacer frente a circunstancias imprevistas.

Por ejemplo, una reunión anterior excedió el tiempo asignado. Si deja cada tarea para el último minuto, estará continuamente apurado. Lo que no se da cuenta es que si la reunión A llega tarde, la reunión B comenzará tarde, y tiene que pasar su período de descanso para completar la tarea asignada para el día.

9. Llegar tarde

Cuando no puede dedicar suficiente tiempo a las citas o tareas, no podrá completar estas tareas o cumplir con las citas. Sus compañeros asumen que usted es irresponsable. En algunos casos, su tardanza puede ser un problema de motivación. No puede motivarse a salir de la cama y hacer lo que se supone que debe hacer. Una de las razones principales de su problema de motivación puede ser un desajuste entre sus metas y sus objetivos de gestión del tiempo.

Su mejor opción es priorizar sus metas y administrar su tiempo para alcanzarlas. Cuando usted programa una meta que no es su prioridad, pierde la motivación para ser puntual ya que no se da cuenta de la importancia de la tarea. Por lo tanto, se queda corto en las tareas sin sentir ningún remordimiento, y es conocido por sus frecuentes malas prácticas de gestión del tiempo.

La verdad es que, cuando se es puntual, demuestra que respetas a sus compañeros. Lo contrario también es cierto: cuando llega tarde, es una señal de que no respeta a sus colegas. En lugar de llegar tarde a tareas que no le parecen importantes, puede negarse a realizarlas.

Las razones por las que estás fracasando

Hay veces que luchamos para controlar nuestros asuntos diarios a pesar de nuestros mejores esfuerzos para organizar eficientemente nuestro tiempo, adelantarnos al horario o completar las tareas exitosamente. En lugar de crear listas de tareas adicionales, debe identificar el origen de los problemas de gestión de tiempos. ¿Dónde se le está escapando el tiempo, y qué está haciendo mal?

Echemos un vistazo a ocho razones por las que usted está fallando en la gestión del tiempo:

1. Ningún plan en absoluto

Necesitas un método apropiado para cambiar algo que ya está en movimiento en su vida. No espere que todo se arregle solo. Cree un horario que lo haga responsable de cada hora de su día. No se desvíe de su plan diario, consúltelo y revíselo. Así, usted puede empezar a desarrollar e incorporar nuevos hábitos en su día.

2. Dejar las cosas para más tarde

Comience a implementar su plan inmediatamente. No espere el

siguiente mes, el domingo o el próximo hito en su vida antes de hacer un cambio. La idea principal es que usted actúe según el plan.

3. No hay gracia

Ya que no eres perfecto, habrá veces en que se equivocará. Sin embargo, esto no significa que usted sea un fracaso, o que su trabajo duro no esté dando sus frutos. Así que, date la gracia de levantarte al día siguiente y ser mejor.

4. Falta de rendición de cuentas

Pídale a un colega de confianza que le haga responsable de sus acciones diarias. Si llega tarde, dígaselo al colega de confianza.

Luego, haga un plan para lo que sucede cuando no cumple con las expectativas establecidas.

5. Sin motivación

Los comentarios de sus compañeros de trabajo no deberían motivarlo. Decida cuál es su motivación y asegúrese de que sea la motivación correcta. Ejemplos de motivadores fuertes son el desarrollo personal, la excelencia y el bienestar. Los cambios que usted hace para su bienestar se convertirán en un cambio de estilo de vida, pero los cambios hechos para otra persona no durarán.

6. Hacer cambios innecesarios

Concéntrese en un objetivo específico a la vez. Si su objetivo es llegar al trabajo a tiempo, identifique la causa de su tardanza. Entonces, elimínalo. Haga que sea una prioridad determinar los cambios necesarios que necesita hacer. Hacer cambios innecesarios no llevará a nuevos hábitos. Por ejemplo, pasar dos horas en Facebook temprano en la mañana puede hacer que llegue tarde al trabajo. Puede cambiar eso y pasar dos horas en Facebook la noche anterior. Si las modificaciones son necesarias, conviértalas en una prioridad.

7. Expectativas poco realistas

No espere demasiado. Si normalmente usted se levanta a las 7:45 de la mañana y llega al trabajo a las 8:15 en lugar de las 8:00 de la mañana, entonces no puede empezar a levantarse de repente a las 5:00 de la mañana. No funcionará de esa manera. Su mejor opción es empezar a aprender a levantarse a las 7 de la mañana. Luego, trabaje lentamente hasta que se despierte a las 5:30 a.m.

8. Implementar mucho a la vez

Un gran error cuando se trata de un problema en su vida es hacer una larga lista de cosas que cambiar. Luego, intente tomar acciones sobre todas estas cosas a la vez al día siguiente. Ese es un enfoque totalmente equivocado. Su primer paso es aprender a levantarse de la cama a tiempo. Luego, trate de alcanzar la siguiente meta. Con el tiempo, habrías desarrollado nuevos hábitos.

7 grandes mitos sobre la gestión del tiempo

En el mundo actual de los negocios, la gestión del tiempo es más importante que nunca. Aunque la mayoría de los profesionales ofrecen varios consejos para priorizar y equilibrar las tareas del trabajo y el hogar, la mayoría de estos consejos son mitos y malos consejos que podrían tener un impacto negativo que positivo.

Aquí están los siete mitos más importantes que usted no debería comprar sobre el manejo del tiempo:

1. "Presupueste su tiempo."

No se sorprenda cuando le disparen a su presupuesto 15 minutos al día. En lugar de eso, cree periodos regulares de tiempo en los que pueda progresar lo suficiente antes de pasar a la siguiente meta. Durante estos períodos de tiempo, no tome llamadas, no conteste correos electrónicos ni revise su página de medios sociales. Hacer esto le ayuda a evitar las interrupciones aleatorias en lugar de tener reuniones de "un minuto".

2. "Planee su día."

Este era el mantra de la gestión del tiempo. Sin embargo, es posible que nunca se acerque a sus objetivos a largo plazo utilizando planes diarios. Por qué? Usted termina cada día con tareas adicionales que agrega a la lista del día siguiente hasta que abandona sus metas a largo plazo. Una solución simple y efectiva es incluir sus metas a largo plazo en sus planes semanales.

3. "Una lista de tareas detallada es esencial para administrar su tiempo."

Es más importante estructurar sus tareas de acuerdo con sus objetivos estratégicos en lugar de limitarse a enumerarlas. Usted puede convertirse en un maestro de la gestión del tiempo utilizando 15 minutos antes de la hora de acostarse el día anterior para planificar su próximo día para cumplir con una expectativa definida. Aumenta la toma de decisiones y la productividad al limitar el tiempo de planificación.

4. "Un día estructurado significa un tiempo bien gestionado."

Para obtener resultados óptimos, la gestión del tiempo, la eficiencia, la eficacia y la productividad dependen de cada individuo. No hay una propuesta única para todos los casos. Necesita averiguar qué es lo que funciona para usted.

5. "Siempre hay tiempo para sus prioridades."

Usted todavía puede sentirse estresado a pesar de conocer sus prioridades y alinear sus actividades con ellas. Tenga en cuenta que usted sólo puede cambiar lo que siente sobre el tiempo que tiene, pero no puede cambiar el tiempo. Siempre se sentirá estresado al pensar que no tiene suficiente tiempo. En su lugar, dígase a sí mismo: "Tengo todo el tiempo que necesito para cumplir mis deseos "al hacer esto, está más presente y abierto a nuevas y diferentes soluciones, se vuelve más presente y se siente más tranquilo. Así, usted puede hacer más cosas.

6. "Programe primero sus tareas más difíciles."

Una receta para dejar de postergar las cosas es intentar una tarea difícil cuando los niveles de energía son altos. Si su energía es típicamente alta a medianoche, concéntrese en los proyectos más desafiantes durante este tiempo. Si por lo general se encuentra bajo de energías el jueves por la tarde, programe reuniones menos importantes para ese día.

7. "Una mejor gestión del tiempo es el resultado de una mejor gestión de las tareas."

Aunque soy un fanático del bloqueo del tiempo para la gestión de prioridades, sigo creyendo que necesitamos tomar decisiones intencionales sobre dónde enfocar nuestra energía antes de que podamos tener una gestión adecuada del tiempo. Dado que nuestras elecciones definen nuestras prioridades, necesitamos tomar mejores decisiones para tener una mejor gestión del tiempo.

Capítulo 2 - Cómo hacer las cosas 101

Consejos esenciales para hacer las cosas

Hacer las cosas, o GTD, es un método razonablemente simple contrario a lo que usted pueda pensar. Implica el uso de reglas simples para administrar unas cuantas listas. Cualquier persona, independientemente de sus antecedentes, puede entender y aplicar estas reglas.

Sin embargo, usted necesita desarrollar al menos uno de los tres hábitos para hacer las cosas. Por lo tanto, la parte complicada de GTD es en la práctica y no conseguir que las cosas se hagan. Aquí están esos tres hábitos:

1. Mantenga la cabeza vacía

"Una mente vacía está abierta a todo y preparada para todo." - Shunryu Suzuki

David Allen es el autor de *Getting Things Done - The Art of Stress-Free Productivity.* Él recomienda que usted necesita capturar los elementos esenciales necesarios para que usted pueda hacer las cosas. Luego, manténgalo fuera de su cabeza en un sistema confiable donde pueda revisarlo en cualquier momento.

Todo aquí incluye lo que tiene que hacer pronto o algún día (las cosas grandes y las pequeñas). Algunos pueden ser parte de su trabajo, mientras que otros pueden ser parte de su vida personal. Sin embargo, deberían ser los que usted considera más importantes y los que usted considera menos importantes.

Aquí hay seis razones por las que usted necesita incluir todo:

- Todas las cosas requieren su atención constante y consciente.
- Pierde tiempo y sufre estrés cuando piensa en las mismas cosas repetidamente. Una vez que los pone en un sistema confiable y fuera de tu mente, lo hace sin esfuerzo.
- Usted tiene claridad sobre la cantidad de cosas que necesita hacer
- Ya que no estás distraído por cosas indefinidas en su mente, su concentración aumenta.
- Usted puede rechazar las cosas que no debe y no quiere hacer, ya que tiene una idea clara de sus compromisos.
- Usted puede comenzar a usar su mente para actividades creativas en lugar de tratar de recordar cosas.

2. Sea decisivo

"Cuando no hay una próxima acción, hay una brecha infinita entre la realidad actual y lo que hay que hacer." - David Allen

El cambio es inevitable, nos guste o no. Por lo tanto, usted necesita la disciplina para decidir el siguiente mejor curso de acción. Debe tener una idea clara de su compromiso con cada actividad. Entonces, toma una decisión sobre tal cosa.

Para que su organización funcione sin problemas, debe vaciar la bandeja de entrada con regularidad. Defina y aclare cada cosa que haya capturado previamente. Además, usted debe decidir lo que hará con cada elemento. ¿Cuáles son sus razones para hacerlo?

Cuando conoces sus razones, usted:

- Se da cuenta de la realidad y se concentra en las cosas esenciales en lugar de dejarse llevar por lo que es urgente. Por lo tanto, sus niveles de ansiedad son mínimos.

- Tiene el control total porque sabe qué hacer y cuándo hacerlo.
- Experimente una sensación de alivio cada vez que tome una decisión. Además, usted no está bajo ninguna presión intensa, ya que tiene una perspectiva más clara sobre sus objetivos.
- Tiene una mayor autoestima ya que usted es responsable de sus acciones
- Es más productivo ya que tiene una capacidad reforzada para hacer las cosas.

3. Actualice su sistema regularmente

"Tienes que entrenarte para ver el bosque y el árbol antes de que tu conocimiento pueda ser productivo" - Peter F. Drucker

Necesita revisar su sistema regularmente para que sea útil. Reflexione con frecuencia sobre las cosas esenciales de su vida, trabajo, proyectos actuales y acciones futuras. He aquí algunas razones cruciales por las que necesita revisar su sistema regularmente:

- Una revisión completa revela lo que usted no está haciendo y lo que debería estar haciendo.
- Dado que cada acción tiene un paso claramente definido, el hecho de que falte un paso afectaría el resultado.

Reglas Esenciales para una Gestión de Tiempo Exitosa

Es un secreto a voces que una gestión eficaz del tiempo tiene muchas ventajas. ¿Cuántas veces ha escuchado que una mejor gestión del tiempo reduce el estrés, ahorra tiempo y aumenta la eficiencia? Estoy seguro de que es más de lo que puedes contar. Pero la verdad es que a menudo luchamos por practicar una gestión eficaz del tiempo.

Por lo tanto, cuando nos damos cuenta de que la fecha límite está cerca, empezamos a apresurarnos a cumplir con tiempo establecido. Nadie tiene el poder de ralentizar el tiempo de inactividad, pero usted puede aprovechar al máximo su día administrando su tiempo correctamente.

Aquí hay algunos consejos probados para convertirse en un maestro de la gestión del tiempo:

1. Llévalos juntos

Trabajo conjunto relacionados en grupos. Por ejemplo, programe un período específico para responder a sus correos electrónicos y llamadas telefónicas. No maneje estas tareas o tareas similares a lo largo del día. Los diferentes proyectos requieren un proceso de pensamiento diferente. Por lo tanto, la agrupación de tareas relacionadas evita que su cerebro cambie a diferentes procesos de pensamiento cada vez que tenga que realizar un trabajo diferente. La dosificación ayuda a su mente a eliminar el tiempo que le toma a su cerebro reorientarse para acomodarse a las diferentes tareas nuevas.

2. Centrarse en los aspectos importantes

Este consejo es un crédito para Leo Babauta del blog Zen Habits. Según él, hay que pasar unos minutos para entender lo que hay que hacer entonces, concentrarse sólo en esas cosas cruciales. De esta manera, usted hace que cada acción cuente y cree más valor. En este caso, menos no es más; menos es mejor.

3. Trabajar a distancia

Basado en la investigación, el promedio de estadounidenses viaja por lo menos 25 minutos. Incluso se prevé que este tiempo medio aumente en un futuro próximo. Agregue este tiempo al tiempo que le toma estar preparado para su viaje al trabajo. Entonces, usted descubrirá que está perdiendo mucho tiempo yendo y viniendo del trabajo. La solución: si es remotamente posible con su trabajo, intente trabajar a distancia al menos una vez por semana. Ahorrará varias horas a la semana que podrá utilizar para otros medios productivos.

4. Aproveche al máximo su tiempo de espera

Para todos los estándares, soy una persona paciente. Pero no soporto esperar sabiendo que puedo pasar ese tiempo de manera más productiva. Por lo tanto, pienso en las mejores maneras de pasar ese tiempo. Por ejemplo, si estoy esperando para ver a mi médico, podría crear un plan para un próximo artículo en el blog, escuchar un podcast o leer un libro inspirador.

5. Incorporar hábitos de apoyo

Charles Duhigg escribió un libro llamado *El Poder de los Hábitos,* donde definió los hábitos fundamentales. Estos hábitos que transforman la vida incluyen la meditación, el desarrollo de rutinas diarias, el seguimiento de lo que come y el ejercicio. Al incorporar estos hábitos de apoyo en su rutina diaria, usted reemplazará los malos hábitos por buenos hábitos con el tiempo. Consecuentemente, usted está más enfocado, más sano, y será un mejor administrador de su tiempo.

6. No tengas miedo de decir "No".

Aunque usted no quiere que sus colegas se enojen con usted, tiene poco tiempo, como todos los demás. Por ejemplo, si no tiene tiempo libre, no debería intentar ayudar a sus colegas con las tareas asignadas.

7. Maximizar el uso de Google Calendar

Aunque los calendarios han sido una herramienta fundamental de gestión del tiempo durante mucho tiempo, los calendarios en línea los han llevado al siguiente nivel. Puede acceder a un calendario en línea desde varios dispositivos. A continuación, utilice esta herramienta para programar eventos recurrentes, crear bloques de tiempo, configurar recordatorios, programar fácilmente reuniones y citas.

Aunque creo que Google Calendar es el mejor porque es el que utilizo, Apple Calendar y Outlook pueden servir para el mismo propósito.

8. Programar el tiempo de búfer entre tareas o reuniones

Puede parecer un buen uso de su tiempo saltar a un nuevo proyecto inmediatamente después de completar una tarea anterior. Pero tiene un efecto opuesto; desordena su mente. El cerebro humano sólo puede concentrarse durante al menos 90 minutos a la vez.

Por lo tanto, usted necesita tiempo incluso si son unos pocos minutos para recargar su mente, refrescar su cuerpo, y aumentar su cerebro. Caminar y meditar son dos formas comprobadas de aclarar y recargar la mente. De lo contrario, tendrá dificultades para concentrarse o mantenerse motivado. Según mi experiencia, un tiempo de almacenamiento intermedio de 25 minutos entre tareas es siempre ideal.

9. Altere su horario

Alterar su horario puede ser una solución simple y efectiva para sus problemas de gestión del tiempo. Por ejemplo, puede despertarse una hora antes de la hora habitual. Puede utilizar esta hora extra para trabajar en proyectos paralelos, revisar sus correos electrónicos, planificar su día, hacer ejercicio o una combinación de estas tareas. Además, considere reducir la cantidad de televisión que ve y mantenga las mismas rutinas de despertador durante los fines de semana.

10.   Deje de trabajar a medias.

Según James Clear, autor del best-seller *Hábitos Atómicos del New York Times*: "En esta era de distracción constante, es fácil dividir nuestro enfoque entre las demandas de la sociedad y lo que debemos hacer. Típicamente, estamos tratando de cumplir una tarea y al mismo tiempo revisando nuestras listas de tareas, correos electrónicos y mensajes. Por lo tanto, no podemos enfocarnos completamente en el proyecto que estamos tratando de lograr".

He aquí algunos de los ejemplos que dio de lo que llamó "medio trabajo":

- Su mente está deambulando por su buzón de correo electrónico mientras se comunica por teléfono.
- Escribir un informe, entonces, detenerse a revisar su teléfono sin ninguna razón
- Alterar su rutina de ejercicios porque observó un par de videos de YouTube

El punto es que, cuando se dedica a la mitad del trabajo, le toma el doble de tiempo cumplir una tarea, y sólo logrará la mitad de la misión. Clear opinó que la mejor solución a la mitad del trabajo es centrarse en un proyecto y completarlo antes de pensar en cualquier otra tarea o comenzarla.

Por ejemplo, escoja un ejercicio y concéntrese en él solo para sus entrenamientos. Además, deje su teléfono en una habitación separada y dedique una cantidad significativa de tiempo a un proyecto importante. Clear afirma que "la mejor manera de lograr un trabajo profundo y enfocado y evitar el trabajo a medias es eliminar las distracciones".

11.   Enumerar todos los pasos mensurables para completar una tarea

Todos los objetivos y proyectos son una suma de pequeñas partes móviles. Por lo tanto, es necesario definir claramente las pequeñas partes móviles para lograr un proyecto u objetivo. Un beneficio adicional es que usted está motivado por lo que ha logrado. De esta manera, usted puede enfocarse en lo que aún no ha logrado.

Cuando experimente interrupciones, asegúrese de no dejarse llevar completamente por la distracción. Una manera comprobada de evitar que una distracción se lleve a cabo es limitar el número de tareas que usted está realizando en un momento específico.

12.   Aplicar el principio de Eisenhower

Necesita identificar las tareas urgentes y esenciales de su lista de tareas pendientes antes de trabajar en ellas. Este concepto fue acuñado por primera vez por Dwight D. Eisenhower, el 34º presidente de los Estados Unidos.

- Alcanza sus metas personales con tareas importantes
- Alcanzará objetivos inmediatos con tareas urgentes. Típicamente, las tareas urgentes tienen consecuencias inmediatas pero están asociadas con el logro de la intención de otra persona.

El principio de Eisenhower sugiere priorizar las tareas en cuatro grupos:

- No es urgente ni importante: son distracciones completas. Evítalos.

- Urgente pero no importante: estas son barreras para sus tareas, y sus compañeros de trabajo en su mayoría las proveen. Buscan su ayuda para cumplir con sus tareas. Cuando esto suceda, puede sugerir a otra persona competente para ellos o decir "No".
- No es urgente, pero es importante: Estas son tareas necesarias para lograr sus objetivos. Por lo tanto, asegúrese de prepararse adecuadamente para ellos.
- Urgente e importante: Estas son las primeras tareas que debe realizar todos los días. Algunas pueden ser tareas de último momento, mientras que otras pueden ser tareas de emergencia. Con una planificación adecuada, puede evitar las tareas de última hora. Pero no puede planear para problemas de emergencia. Su mejor opción es dejar un tiempo de almacenamiento intermedio para tratar estos problemas. Incluir espacios de tiempo para emergencias es una de las mejores maneras de priorizar sus tareas.

13. Aplicar el concepto de apalancamiento para completar su tarea

El uso inteligente del apalancamiento le ayudará a lograr los rendimientos más significativos con el menor esfuerzo. Utilice la técnica Pomodoro para evitar trabajar horas extras. Esta técnica sugiere que "divida y organice su trabajo en sesiones de 25 minutos y un descanso de 5 minutos entre las sesiones".

Por ejemplo, suponiendo que está trabajando en una presentación y que ha estimado que necesita unos 150 minutos para realizar la tarea. Divida la tarea en seis sesiones de 25 minutos y un descanso de 5 minutos entre ellas. Asegúrese de que sus sesiones no estén en conflicto con otros compromisos o planes. Empiece a trabajar una vez que el temporizador se active después de 25 minutos. Descanse durante 5 minutos después de cada sesión, luego repita hasta completar las sesiones. Descanse durante 30 minutos después de completar todas las sesiones.

14.   Rastree su tiempo

He guardado lo mejor para el final. El primer paso para un manejo adecuado del tiempo es determinar cómo gasta su tiempo. Usted puede creer que gasta sólo 25 minutos en correos electrónicos, mientras que en realidad, gasta más de 45 minutos en ello por día.

Las aplicaciones de tiempo como mi calendario de aplicaciones, Toggl o RescueTime le ofrecen una forma fácil de hacer un seguimiento de su tiempo y actividades semanalmente. Haga un seguimiento de sus actividades para la próxima semana, luego, utilice el informe para identificar a sus ladrones de tiempo y hacer los ajustes apropiados.

5 Hacks de productividad menos conocidos que necesita saber

Como ser humano vivo que respira, hay momentos en los que tendrás que luchar con su productividad. A menudo, nuestra incapacidad para producir resultados de manera consistente y repetida es una de las cosas más importantes que nos frenan en la vida. Para la mayoría de nosotros, hay veces que tenemos productividad máxima, pero la mayoría de las veces tenemos productividad del valle. Estas son las principales barreras para nuestras metas de vida.

Antes de que usted pueda hacer un progreso significativo en la vida, debe ser productivo consistente y reiterada. No se pueden tener cinco días de productividad en el valle y dos días de alta productividad en una semana determinada. Como mínimo, usted debe tener cinco días de alta productividad y dos días de productividad del valle en cualquier semana. Sin embargo, todos luchamos por ser altamente productivos en todo momento.

A veces, estamos en alerta de alta productividad. En otras ocasiones, algo destruye nuestro espíritu y nuestra productividad disminuye. O nos entregamos a uno de nuestros placeres preferidos, o nos topamos con uno de los escollos de la vida. Consecuentemente, nuestras relaciones, salud, carreras y finanzas sufren.

¿Cuál es la solución?

En primer lugar, debe identificar los impedimentos para su productividad. Ejemplos de tales obstáculos incluyen la incapacidad de concentrarse, la falta de concentración, la falta de habilidades para administrar el tiempo y la dilación. Si usted desea cambios positivos y significativos en su vida, debe aprender a superar estos impedimentos de manera consistente.

¿Qué son los problemas de productividad?

Los Hacks son trucos, habilidades o atajos que pueden mejorar su productividad. Tenga en cuenta que no hay trucos de productividad; sólo hay múltiples soluciones para que podamos ser y seguir siendo productivos.

Aquí están los mejores cinco trucos:

1. Concéntrese en las victorias pequeñas y rápidas

Tratar de hacer muchas cosas a la vez es un error común. Otro error habitual es enfrentarse a un gran proyecto de una sola vez. Si quiere hacer las cosas, empiece por dar pequeños pasos uno a la vez.

Divida su meta más importante en:

- Objetivos diarios
- Metas semanales
- Metas mensuales
- Metas trimestrales
- Metas anuales

Entonces, siempre pregúntese a sí mismo: "¿Cuál es ese paso que daré hoy que me acercará a mi meta final? " Concéntrese en las victorias pequeñas y rápidas; evite soñar con su gran objetivo.

Estas pequeñas y rápidas victorias le ayudarán a lograr su gran objetivo con el tiempo.

Ejemplo; gran objetivo: Convertirse en un autor autopublicado.

Como un libro típico tiene unas 300 páginas aproximadamente, se necesitan un poco más de 75.000 palabras (un promedio de 250 palabras por página) para las 300 páginas.

Desglose: convierta en un hábito escribir 400 palabras por día en lugar de pensar en la meta final (75.000 palabras). Empiece con 100 palabras hoy, y para el final de la próxima semana, debe haber escrito otras 1.000 palabras. Si continúa así, debe completar su libro de 300 páginas en un plazo de seis meses.

Esa es la magia que ocurre cuando se concentra en las victorias pequeñas y rápidas.

2. No rompas la consistencia

Si usted está tratando de crear un hábito dentro de 21 días porque lo leyó o lo vio en alguna parte, está equivocado. La verdad es que se necesitan entre 18 y 254 días para crear un hábito. La clave para formar cualquier patrón es la consistencia. Un comienzo fuerte, pero darse por vencido demasiado pronto, es una de las razones principales por las que la mayoría de las personas son incapaces de crear hábitos que cambien sus vidas. Si usted cae en esta categoría, entonces, aplique el hackeo de productividad de Jerry Seinfeld. También es conocido como el hack de "no rompas la cadena".

He aquí un extracto de un artículo sobre el hacker Brad Isaac en el que Jerry Seinfeld explica este hacker:

"La mejor manera de ser el mejor cómico es crear mejores chistes. Escribir todos los días es la manera de crear mejores chistes. Utilice un sistema de calendario único como técnica de apalancamiento para presionarse a sí mismo a escribir. Obtenga un calendario de pared con un año entero en una página y cuélguelo donde pueda ser prominente. Luego, usa un marcador mágico rojo grande para poner una x roja grande sobre cada día que realices tu tarea. Usted debe tener una cadena después de unos días de práctica constante. La cadena seguirá creciendo, siempre y cuando se mantenga en ella. Después de unas pocas semanas de consistencia, se sentirá motivado para mantener la cadena en crecimiento. Por lo tanto, su única tarea es evitar romper la cadena."

Este hack es útil porque te ayuda a ser consistente con tu habilidad o talento.

Los tres pasos para empezar con este hacker:

Paso 1: Calcule su habilidad o apréndala. Usted puede elegir convertirse en un maestro en SEO, un programador muy solicitado o un comediante excepcional. Este es un paso vital; no se lo salte.

Paso 2: Ponga un calendario de un año en un lugar destacado de su casa, oficina o lugar de trabajo.

Paso 3: A medida que dedique tiempo a trabajar en esa habilidad, marque cada día con una x grande. Enfóquese en alargar la cadena. Su única tarea es evitar romper la cadena.

3. Use un escritorio de pie

Sé que parece una locura, pero usar un escritorio de pie puede mejorar su enfoque y productividad hasta en un 46%. La nueva evidencia de la investigación de Texas A & M University sugiere que los empleados que usan escritorios de pie son un 46% más productivos que los que usan las configuraciones tradicionales de escritorios sentados. Ahora, la mayoría de las oficinas de moda usan escritorios de pie. Además, FF Venture Capital descubrió que el resultado es un intercambio de ideas más activo. Es un hecho bien conocido Thomas Jefferson, y algunos otros individuos prominentes trabajaron en escritorios de pie durante la mayoría de los días de sus vidas.

Otros beneficios de trabajar en un escritorio de pie en casa o en el lugar de trabajo incluyen:

- Aumento de la productividad. No revisará su bandeja de entrada con demasiada frecuencia
- Reducción de calorías. Usar un escritorio de pie ejercita los músculos significativos de las piernas
- Mejor enfoque. Es normal sentir una sensación de urgencia al estar de pie. De esta manera, usted está más enfocado y podrá completar las tareas a tiempo.
- Mejoras en su salud digestiva. Un escritorio de pie le impide dormir en su escritorio. De esta manera, usted experimenta menos fatiga.

Cuando usted usa escritorios de pie, tiene poca o ninguna necesidad de hacer varias tareas a la vez, cambiar de sitio web, revisar el correo electrónico y distraerse de cualquier otra manera.

Cómo empezar:

- **Comience en ciclos pequeños.** En lugar de empezar a trabajar de pie durante horas. Comience con pequeños pasos. Empiece con 20 minutos por día, luego aumente este tiempo gradualmente hasta que pueda pasar el día de pie en un escritorio.
- **Utilice Pinterest** o sitios similares para obtener ideas creativas sobre la configuración de su escritorio de pie.
- **Tome descansos.** Evite la rigidez o la fatiga consumiendo una taza de café, practicando sentadillas o dando un pequeño paseo.

4. Implementar la regla de los 2 minutos

Es sorprendente saber que se puede lograr mucho en dos minutos. La inclusión de tareas mundanas en una lista de tareas diarias es una de las razones por las que el 90% de las personas nunca realizan las tareas en sus listas de tareas. Por lo tanto, necesita un enfoque sistémico para abordar su lista de tareas pendientes. Ese enfoque sistémico es la regla de los dos minutos.

Al implementar la regla de los 2 minutos, usted se centra en las tareas esenciales y elimina las tareas sin importancia.

La regla de los 2 minutos se divide en dos partes:

- Comenzar y completar cualquier cosa que se pueda lograr en dos minutos
- Comenzar cualquier cosa que lleve más de dos minutos para lograr

Parte 1. Comenzar y completar cualquier cosa que se pueda lograr en dos minutos

No agregue esta tarea de 2 minutos a su lista de tareas pendientes, no la postergue y no la tercerice. Hágalo inmediatamente y olvídese de ello. Las tareas que encajan en un proyecto de 2 minutos incluyen limpiar el desorden, enviar ese correo electrónico, sacar la basura, tirar la ropa en la lavadora y lavar los platos inmediatamente después de la comida.

Con el tiempo, comenzará a descubrir más tareas de 2 minutos. Construya y mantenga la emoción en su día de trabajo marcando esta tarea de 2 minutos. Hay una sensación de logro que es sinónimo de hacer las cosas bien. Mediante la micro gestión de tareas sin importancia a través del principio de 2 minutos, puede gestionar sus listas de tareas diarias con mayor eficacia.

Parte 2. Comenzar cualquier cosa que lleve más de dos minutos para lograr

Si usted tiene tareas de 2 horas, 2 días, 2 semanas, o 2 meses, entonces, usted puede empezar a preguntarse cómo realizarlas en dos minutos. Cuando usted crea impulso al realizar una tarea de 2 minutos, se siente mejor equipado para realizar tareas más significativas. Esta es una de las razones principales por las que la regla de los 2 minutos es bastante potente.

Ejemplos de tareas que puede convertir en un proyecto de 2 minutos incluyen:

- "Corre tres millas", es ahora "Átame los zapatos para correr".
- "Doblar la ropa" se convierte en "Doblar un par de calcetines".
- "Estudiar para la clase" se convierte en "Abrir mis notas".

- "Haz 20 minutos de yoga" comienza con "Saca mi esterilla de yoga".
- "Leer antes de acostarse cada noche" se convierte en "Leer una página".

Usted establece la prioridad para pasar a tareas más significativas utilizando la regla de los 2 minutos para tomar medidas inmediatas sobre sus objetivos.

5. Diversos hacks
1. Al navegar con Google Chrome
- **Fijar sitios web en el escritorio**

Si visita algunos sitios web con regularidad, fíjelos en su escritorio como aplicaciones. Para ello, abra el sitio web que desea anclar, vaya a Configuración de Chrome, más herramientas y, a continuación, haga clic en "crear acceso directo"."

- **Usa estos populares atajos de Chrome**
  - Ctrl+mayús+n: abrir una nueva ventana en modo incógnito
  - Ctrl+j: abrir "descargas recientes"
  - Mayús+esc: abre el administrador de tareas de Google Chrome
  - Alt+introducir: abrir URL en una nueva pestaña después de escribir la URL manualmente
  - Ctrl/mayús+f5: recarga la página actual mientras ignoras el contenido almacenado en caché

2. Haga lo último cada noche pero lo primero que haga cada mañana

Envíese un correo electrónico antes de dormir. Este correo electrónico debe contener sus tres objetivos principales para el día siguiente. Se trata de un hackeo de productividad que a menudo se pasa por alto, pero es sencillo.

La mayoría de las veces, usted puede haber olvidado lo que escribió, probablemente debido al estrés, el agotamiento o una buena noche de sueño.

Capítulo 3 - Una guía para fijar metas

Todo sobre la Teoría de la Motivación para Fijar Metas

Edwin Locke propuso la teoría de la motivación en los años sesenta. Esta teoría establece que el establecimiento de metas depende en gran medida del desempeño de las tareas. Dice que metas específicas y desafiantes con retroalimentación apropiada resultan en un mejor y más alto desempeño de las tareas.

Las metas indican y guían al empleado en la tarea a realizar y el número de esfuerzos necesarios para lograrlo.

La eficiencia de la meta depende del tipo y la calidad de la meta.

Imagine que tiene 40 libras de sobrepeso y necesita bajar el peso extra. Estas son algunas de las opciones que tiene para establecer la meta:

- "Quiero perder las libras anteriores el año que viene. Revisaré mi dieta y haré las recomendaciones apropiadas". Este objetivo no es específico y carece de claridad. Usted necesita especificar la cantidad de peso que desea perder dentro de ese período y los pasos particulares para perder ese peso extra.
- "Voy a perder dos libras a la semana en los próximos cuatro meses. Mi rutina de ejercicios será de 40 minutos por día, cinco días a la semana. Además, incluiré productos integrales, vegetales y tres porciones de frutas en mi dieta. Por último, no comeré nada durante el

próximo mes. Entonces, sólo comeré fuera una vez por semana después del próximo mes". Se trata de un objetivo más específico y claramente definido que el anterior.

La motivación principal es la voluntad de trabajar para alcanzar el objetivo establecido. Las metas fáciles, generales y vagas son menos motivadoras que las metas claras, específicas y desafiantes.

Principios para fijar metas

Basándose en su investigación de 1968, el Dr. Edwin Locke publicó un artículo titulado *"Hacia una teoría de la motivación de las tareas y los incentivos"*. "En este artículo, demostró que un objetivo claramente definido con la retroalimentación adecuada motiva a las personas a alcanzar sus objetivos. También opinó que la emoción de alcanzar una meta es una motivación en sí misma y mejora el rendimiento. En resumen, Locke sugiere que tendemos a trabajar más duro para alcanzar metas específicas y desafiantes, especialmente en un ambiente de trabajo.

Años más tarde, el Dr. Gary Latham llevó a cabo su investigación de fijación de objetivos en un ambiente de trabajo. Al igual que Locke, su objetivo era establecer la correlación entre el establecimiento de objetivos y el rendimiento de los empleados en el lugar de trabajo.

En 1990, Locke y Latham publicaron conjuntamente su obra más famosa, *"A theory of goal setting & task performance.* "El trabajo publicado enfatiza la importancia de establecer una meta específica y desafiante. También desarrollaron cinco principios básicos responsables del éxito en el establecimiento de metas.

Las metas deberían:

- Ser claras. Un objetivo claramente definido es más alcanzable que uno mal definido. Las metas con un cronograma específico son generalmente las más efectivas.
- Sea desafiante. Una meta con un ligero nivel de dificultad le proporcionará la motivación para lograr la meta.
- Implique un nivel de compromiso. Cuando usted está comprometido con su meta, hará el esfuerzo necesario para alcanzarla. Además, ser responsable puede aumentar su nivel de compromiso hacia la meta. Una manera simple y efectiva de ser responsable es compartir su meta con un amigo, pariente o colega de confianza.
- Tenga una retroalimentación apropiada. Sin embargo, tiene que haber una retroalimentación adecuada para mejorar el desempeño hacia el logro de la siguiente meta. La retroalimentación es la herramienta para regular las dificultades de las metas, hacer aclaraciones y ganar reputación. En un ambiente de trabajo, la retroalimentación ayuda al empleado a estar más involucrado en el logro de la siguiente meta. Por lo tanto, se sienten más satisfechos con su trabajo.
- Incluya el tiempo para superar la curva de aprendizaje. Esto es especialmente cierto en el caso de proyectos complejos. Por lo tanto, tener el tiempo para dominar la curva de aprendizaje le da la mejor oportunidad de éxito.

Cuando los empleados se involucran en el establecimiento de la meta, son más receptivos a la meta y están más involucrados en el logro de la meta.

La teoría del establecimiento de metas hace dos suposiciones específicas:

Supuesto #1: Compromiso con la Meta

La teoría del establecimiento de metas asume que el individuo no abandonará la meta porque está totalmente comprometido con ella. Sin embargo, sólo se puede estar comprometido con una meta cuando:

- Es abierto, accesible y general.
- A usted no se le asigna la meta, pero es usted quien establece la meta
- Su meta establecida es consistente con las metas y la visión de su corporación.

Supuesto #2: Autosuficiencia

Esta es su autoconfianza y fe en el desempeño de la tarea. Su nivel de auto eficiencia determinará la cantidad de esfuerzo que aplicará cuando tenga problemas con cualquier aspecto del proyecto. Lo contrario también es cierto; si su nivel de auto eficiencia se vuelve demasiado bajo, usted puede incluso dejarlo antes de cumplir la tarea.

Cómo aplicar la teoría del establecimiento de metas en su vida

Considere cuidadosamente las metas que se ha fijado al tratar de mejorar un aspecto de su vida diaria. Asegúrese de que cada tarea obedezca los principios de fijación de metas discutidos anteriormente.

Asegúrese de fijar objetivos que sean adecuados a sus capacidades. Por ejemplo, usted podría ayudar a su hijo a tener éxito académicamente permitiéndole establecer la meta. Por ejemplo, suponga que quiere obtener el 100% en su próximo examen de inglés. No sólo está comprometida con este objetivo, sino que el objetivo también es claro y desafiante.

Ahora, sólo necesita discutir si la meta es alcanzable o no. Si normalmente saca Cs en las tareas de inglés, puede ser un mal objetivo lograr una puntuación perfecta en el siguiente intento. Luego, usted necesita desarrollar pasos específicos hacia el logro de la meta. También hay que tener en cuenta el tiempo necesario para alcanzar el objetivo y la complejidad que implica.

En última instancia, su objetivo podría ser: "Quiero una puntuación del 100% en mi examen de inglés. Comenzaré a practicar la escritura limpia y ordenada, luego, aprenderé a usar las palabras apropiadas. Mi padre me dará retroalimentación sobre cómo arreglar mis errores". Ahora, este es un plan específico para recibir retroalimentación adecuada porque es una meta clara y alcanzable, y ella tiene la motivación correcta para lograrlo. De acuerdo con la teoría de fijación de metas, tendrá un mejor desempeño en su próximo examen aunque no haya podido obtener el 100%.

La única limitación de la teoría de fijación de metas es que puede fallar cuando se carece de la habilidad y la competencia para realizar las acciones necesarias para alcanzar la meta.

Tenga en cuenta estos principios cuando quiera determinar sus objetivos (individuales o de equipo):

1. *Fijar objetivos claros y precisos*
Una meta clara es mensurable y carece de comprensión. El resultado deseado determinará la claridad del objetivo y cómo se medirá. Sinónimo del principio de fijación de objetivos SMART, los objetivos claros deben mejorar la comprensión de la tarea, hacer que los resultados sean mensurables y que el éxito sea inevitable. Considere cómo medirá los resultados. ¿Te emociona

tu meta? ¿Es lo suficientemente desafiante? Cuando lo piensa, ¿siente la motivación para completarlo? Si usted respondió negativamente a cualquiera de estas preguntas, es posible que tenga que reconsiderar esta meta.

Meta clara:

- Implementar tecnología para reducir el tiempo de desarrollo de productos de 20 minutos a 15 minutos para finales de año.
- Quiero perder 15 libras en 2 meses

Objetivo poco claro:

- Disminuir el tiempo de desarrollo del producto
- Quiero perder peso

Cuando su meta es concreta y medible, alcanzarla se hace fácilmente posible, y usted puede seguir fácilmente su progreso.

2. *Haga que sus metas sean un reto*
*"Una meta que inspire tus esperanzas, libere su energía y ordene sus pensamientos lo hará feliz. "*Andrew Carnegie.

Para asegurarse de que tiene el grado adecuado de desafío, el establecimiento de objetivos desafiantes requiere un equilibrio considerable. Su motivación y rendimiento dependen de la simplicidad o dificultad para alcanzar la meta. Usted alcanza el nivel más alto de motivación cuando su meta se encuentra entre lo difícil y lo fácil.

La próxima vez que establezca metas, asegúrese de que sean alcanzables, desafiantes, pero realistas. Estas son algunas de las preguntas que puede hacerse al establecer sus metas:

- ¿Son realistas y alcanzables?

- ¿Proporcionan suficiente motivación?
- ¿Dan suficiente desafío?

Desafiante:

- Convertir un 65% más de prospectos a clientes en el tercer trimestre del año fiscal 2018-19 en comparación con el 45% del segundo trimestre del año fiscal 2018-19.
- Perder 40 libras en dos meses

Fácilmente alcanzable:

- Convertir un 1% más de prospectos a clientes en el tercer trimestre del año fiscal 2018-19 en comparación con el segundo trimestre del año fiscal 2018-19.
- Pierda 1 libra en un plazo de dos meses

Su meta debe ser lo suficientemente difícil como para que se sienta realizado.

3. Compromiso verdadero y genuino con sus objetivos

Usted debe entender completamente y estar de acuerdo con sus metas, ya sea que esté fijando la meta para usted mismo, sus empleados o sus compañeros de equipo antes de que pueda lograr dichas metas. En la mayoría de los casos, cuando se trabaja en equipo, es más probable que los compañeros de equipo trabajen más duro para alcanzar el objetivo, siempre y cuando hayan participado en el establecimiento de la meta. No debería tener ningún problema de motivación hasta que la meta se cumpla, siempre y cuando la meta sea alcanzable y consistente con las aspiraciones de todos sus compañeros de equipo.

Imagina las tareas que realiza a diario en el trabajo, cuáles son las que requieren más esfuerzo y cuáles realiza sin interés ni entusiasmo. Su motivación para lograr sus metas depende de su compromiso emocional con el objetivo.

Correcto: El director de proyecto y su equipo deciden el resultado esperado de una reunión en función del talento y las habilidades de cada compañero.

Incorrecto: El gestor de proyectos no tiene en cuenta el ancho de banda y las capacidades de su equipo antes de asignar objetivos a cada uno de ellos.

4. Obtener retroalimentación sobre su progreso

"El establecimiento de metas se vuelve enormemente efectivo cuando se tiene retroalimentación que muestra el progreso en relación con la meta prevista" - Prof. Edwin Locke

Una vez que haya elegido la meta correcta, debe obtener retroalimentación para determinar su nivel de progreso. Por lo tanto, usted puede decidir si ajustar la meta o ajustar su enfoque para alcanzarla. La retroalimentación puede ser autoevaluada, pero por lo general proviene de otras personas.

Correcto:

- Realizar comprobaciones semanales en el departamento de diseño para supervisar su progreso. Proporcione retroalimentación sobre si necesitan alterar el proceso o si están en camino.
- Ajustar la rutina de pérdida de peso después de perder una libra en dos semanas

Incorrecto:

- Establezca y olvídese de una tarea. Cuando se acerque la fecha límite, empiece a preocuparse por completar la tarea.

- Espere dos meses antes de hacer un seguimiento de los cambios.

Frecuentemente reserve tiempo para revisar sus metas y hacer un seguimiento de su progreso. De esta manera, usted está motivado continuamente a través del proceso de alcanzar su meta.

5. Simplificar tareas complejas

Tenga cuidado de no complicar sus metas. Cuando sus objetivos se vuelven demasiado complicados, esto afecta negativamente su motivación, productividad y moral. La mayoría de las personas se sienten abrumadas cuando las metas se vuelven muy complejas. Cuando usted tenga metas complejas, permita suficiente tiempo para aprender (cuando sea necesario), practicar y mejorar el desempeño hasta que se logre la meta. Cuando sea necesario, modifique la meta reevaluando su complejidad o dificultad. También puede dividir esas metas en subobjetivos más pequeños.

Tenga en cuenta que nada que valga la pena será fácil de lograr. Pero el uso de subtareas más simples y menos complicadas puede ayudarle a desglosar y superar las tareas de enormes proporciones.

Recuerde que *"el viaje de mil millas comienza con el primer paso"* - Lao Tzu

Correcto: Desglosar y distribuir las ventas objetivo entre todos los vendedores, dependiendo de sus habilidades. De este modo, el objetivo de ventas puede alcanzarse en su totalidad dentro de un período específico.

Incorrecto: Espere que un vendedor logre el objetivo de ventas completo dentro de un período específico.

Usted necesita seguir trabajando en el establecimiento de sus metas, como cualquier otro aspecto de su vida. Use los principios para implementar sus metas de vida y se sorprenderá de la grandeza que alcanzará.

15 de los mejores consejos para establecer metas efectivas

Usted tiene virtualmente garantizado el éxito cuando tiene claro el propósito de su vida. Usted puede determinar su visión, convertir sus deseos en metas alcanzables y actuar en consecuencia.

Mis experiencias pasadas me han enseñado que ser selectivo sobre mis metas de año nuevo, y pensar en maneras de lograrlas ha sido de gran ayuda. El establecimiento de objetivos es una forma comprobada de transformar resoluciones impresionantes en resultados reales. Las investigaciones demuestran que es más probable que alcancemos nuestras metas siempre y cuando sean mensurables.

Cuando haya terminado de leer esta sección, debería tener consejos comprobados que pueda usar para establecer sus metas con mayor eficiencia:

1. **Hazlo físico.** Anote o escriba sus metas y planes de acción en un papel. A medida que las escriba, se inclinará más a desarrollarlas. Por lo tanto, sus planes de acción no serán sólo un esbozo. Será una hoja de ruta detallada que puede seguir.

2. **La revisión regular es clave.** Usted debe asegurarse de revisar sus metas por lo menos una vez al mes, si no una vez a la semana. Puede programar una cita con usted mismo, con un miembro del equipo, con un colega de confianza o con un pariente para la revisión. Por lo tanto, usted puede hacer un seguimiento de su nivel de progreso fácilmente. Reviso mis metas anuales cada semana para asegurarme de que estoy en el camino correcto hacia mi meta.

3. **Desafíate a ti mismo sin ser estúpido.** Si bien es bueno elegir metas que lo entusiasmen y lo estiren, también debe asegurarse de que estas metas sean alcanzables. De esta manera, usted puede medir realmente su progreso durante un período específico. La idea es lograr las metas y tener algo valioso que se pueda celebrar al final del año. Si constantemente tienes metas inalcanzables o proyectos de elefantes blancos, empiezas a desarrollar un hábito de fracaso.

4. **Sea preciso con sus planes de acción.** Anote los pasos exactos que pueden ayudarle a lograr su meta. Por ejemplo, usted necesita mostrar su plan de negocios a inversionistas potenciales al iniciar un negocio antes de que puedan tomarle en serio.

5. **La calidad es siempre mejor que la cantidad.** En lugar de tener una larga lista de deseos de tareas que tal vez nunca llegue a cumplir, ¿por qué no tener tres o cuatro metas sólidas? Una vez que haya logrado las metas más importantes, puede agregar más metas más adelante.

6. **Sea específico.** Por ejemplo: crear un blog con 10.000 visitantes mensuales es más específico que crear un blog con miles de visitantes mensuales. Del mismo modo, "ganar 1.500 seguidores en Twitter" es más específico que "tener una fuerte presencia en los medios sociales".

7. **Los plazos son objetivos concretos.** Su plan de acción está incompleto sin un cronograma para alcanzar la meta. Divida su gran objetivo en subobjetivos más pequeños. Luego, fije fechas límite para estos subobjetivos hasta que logre la gran meta.

8. **La rendición de cuentas es importante.** Comparta sus metas con un amigo o un ser querido. Ellos le harán responsable de alcanzar su meta. La ley del compromiso establece que "Cuando decimos a otros lo que pretendemos lograr, tenemos una tendencia natural a permanecer comprometidos hasta que lo logremos". Por lo tanto, usted tiene el ímpetu necesario para tomar todos los pasos necesarios hasta que pueda alcanzar su meta.

9. **Hazlo obvio.** Pegue sus metas en lugares visibles. Este lugar puede ser el refrigerador de la puerta o el espejo del baño. Si lo coloca en un cajón, se olvidará de él y no le servirá de nada. La idea aquí es mantener la cima de la conciencia mental. Olvidará fácilmente lo que no está en su mente. Otra manera de mantener sus metas en lo más alto de la mente es leer sus metas todos los días.

10. **Mantenga la flexibilidad.** Cuando usted tenga que reducir, recalibrar o revisar para atender emergencias, asegúrese de que estos cambios lo hagan avanzar. Este es un beneficio de tener una revisión mensual de sus metas anuales.

11. **Ama y aprecia el proceso.** Los resultados que usted desea y el proceso de fijación de metas para alcanzar la meta son igualmente importantes. Si piensas constantemente en lo que aún no ha logrado, no apreciará el proceso o los subobjetivos que ya ha logrado. Cuando usted aprecia y honra la aventura, permanecerá positivo, seguro de sí mismo y motivado.

12. **Usa la regla del 5.** La regla de los 5 asegura que usted dé pasos diarios hacia el logro de sus metas. Identifique y lleve a cabo cinco pasos específicos que lo acercarán a su meta. Estos pasos no tienen que ser grandes. Enviar un correo electrónico o hacer una llamada rápida está bien siempre y cuando sean relevantes para su objetivo. Pero descanse hasta que complete estos cinco pasos. Por lo tanto, usted tiene una estructura probada para maximizar su día y darle una claridad de lo que puede lograr diariamente. Si usted usa esta regla y se atiene a ella, puede progresar consistentemente sin agotarse. Cuando sea necesario, puede reducir sus objetivos o redondearlos.

13. **No descuide el cuidado personal.** Si usted está desnutrido, sobrecargado de trabajo o estresado, es posible que nunca logre sus metas. Si lo hace, puede que sufra de mala salud como resultado del estrés y el exceso de trabajo. Al alcanzar sus sueños, no descuide el cuidado personal. Su cuerpo se lo agradecerá, y usted preservará su salud y cordura.

14. **Llevar la cuenta.** ¿Por qué comprueba el marcador inmediatamente cuando sintonizas una emisora deportiva? Quiere saber qué equipo está ganando y cuánto tiempo tienen que aguantar. También debe mantener el puntaje con las metas que se ha fijado. Le sugiero que use un gráfico físico. Identifique la meta y describa los pasos que necesita para alcanzarla. Rastree su progreso y por cada éxito, recompénsese a sí mismo. El uso de gráficos visuales le mostrará que está evitando los atajos.

15. **Nunca se rinda.** Si no se da por vencido pero implementa los consejos anteriores, tendrá éxito y alcanzará sus objetivos aún más rápido.

8 razones comunes por las que las listas de tareas fallan

La mayoría de las personas que usan listas de cosas por hacer tienen dificultades para tachar todos los elementos de la lista para cuando se van a la cama por la noche. Ni siquiera las tareas completadas forman parte de las listas de tareas pendientes. Si las listas de cosas por hacer no funcionan para usted, parecen ser altamente ineficaces. Usted puede estar matando su productividad con sus listas de tareas. Esta sección revela por qué sus listas de tareas fallan y qué puede hacer al respecto.

1. Estás permitiendo vampiros de la energía

Estas son personas egocéntricas que agotan su energía sin considerar su tiempo y prioridades. Ellos son los que continuamente buscan su ayuda en una u otra tarea. La mayoría de las veces, estas son tareas que consumen mucho tiempo y que no son beneficiosas para usted ni para su lista de cosas por hacer.

Si el vampiro de la energía es un colega de trabajo, puede enviarle este sencillo mensaje. "Tengo una fecha límite muy ajustada, y desafortunadamente, no puedo ayudar en este momento." Si este colega sigue siendo persistente, envíele un mensaje similar al que se muestra a continuación: "Actualmente estoy trabajando en [indique su tarea actual aquí]. Pero puedo informar a mi supervisor y preguntarle cómo priorizar."

2. Estás escribiendo tu lista de cosas por hacer por la mañana.

Escriba su lista de cosas por hacer antes de irse a la cama. De esta manera, evitará desperdiciar su energizado mojo matutino para desarrollar sus tareas diarias. Un beneficio adicional de crear su lista de cosas por hacer antes de irse a la cama es que calma su mente. Los psiquiatras y psicólogos incluso recomiendan esta técnica para evitar la ansiedad. Mantenga alejados los pensamientos no deseados estableciendo un plan para las próximas 24 horas. No interrumpirá su sueño con pensamientos de "tiene una reunión de padres a las 2 pm" o "debe terminar el informe mañana a las 6 pm".

3. Su lista de cosas por hacer tiene demasiados elementos

De los 6.500 profesionales de LinkedIn, sólo el 11% de ellos terminan sus tareas al final del día. Cuando usted tiene demasiadas cosas en su lista de cosas por hacer, se está preparando para el fracaso. Además, se priva de la emoción del final del día de cumplir con su tarea diaria. Además, cuando su lista de cosas por hacer es demasiado, se vuelve muy desalentadora. Usted estará más inclinado a postergar ya que no sabrá por dónde empezar.

Elegir como máximo las tres tareas más importantes es una forma eficaz que he encontrado para mejorar mi productividad y gestionar mi tiempo correctamente. Sus tareas más importantes son mensurables, generativas, tienen significado cuando se completan, y lo mueven hacia el logro de sus metas.

4. No se crea tiempo para distracciones urgentes

Después de hacer todos los esfuerzos para entender y escribir sus prioridades. Un correo electrónico de un compañero de trabajo o una noticia de última hora es todo lo que se necesita para distraerse. Por lo tanto, usted está fuera de rumbo en el momento en que recibe su primer mensaje urgente a pesar de todos sus esfuerzos de productividad.

Una solución simple y efectiva es crear espacio en su agenda sin ninguna tarea. Por lo tanto, usted tiene espacio para acomodar las emergencias. Luego, en los días en que no hay emergencias, usted termina su día temprano y se toma el resto del día libre. También puede tomar medidas proactivas para evitar distracciones. Ajusta tu configuración de correo electrónico sólo para recibir mensajes de personas específicas, configure sus llamadas telefónicas a mensajes de voz y coloque su estado como "ocupado" en chats privados.

5. Su lista de tareas pendientes carece de especificidad

En una entrevista con Bloomberg Business, David Allen dijo: "Noventa y nueve por ciento de cada lista de cosas por hacer que he visto es una lista incompleta de cosas poco claras. Verá cosas como "banco", "doctor" o "mamá". Aunque estos pueden parecer buenos, necesita incluir un paso de acción con ellos." En lugar de `banco', usted debe escribir la tarea específica como `crear una nueva cuenta de ahorros en el banco'."

6. No está ordenando su lista de cosas por hacer

Después de identificar sus tres tareas más importantes del día, clasifique otras metas en:

- Una lista a largo plazo
- Una lista semanal.

Su lista a largo plazo debe contener su meta de 3 o 6 meses. Por ejemplo, "eliminar por completo todos los gastos innecesarios": la lista de tareas semanales para este objetivo de 6 meses sería: "Deja de comer fuera las próximas X semanas."

7. Su lista de tareas pendientes carece de una fecha límite

No hay diferencia entre una lista de deseos y una lista de tareas sin plazos. Los plazos nos inclinan hacia la acción. Cuando no hay plazos, le falta la motivación para actuar. Esta es una de las razones por las que su lista de cosas por hacer sigue creciendo sin terminar la mayoría de las tareas de la lista.

Cuando se establecen plazos, se priorizan las tareas o proyectos para completarlos dentro de un marco de tiempo específico. Recuerde la ley de Parkinson: *"El trabajo se expande para llenar el tiempo disponible para su finalización."* Debe asignar plazos a las posiciones pendientes. De lo contrario, no se sorprenda de que no pueda terminar la mayoría de las tareas.

8. No entiende por qué necesita una lista de cosas por hacer

Para la mayoría de las personas, cuando se les pregunta la base para crear una lista de tareas, su respuesta siempre es: "para hacer las cosas". Sin embargo, esa es la razón equivocada para crear una lista de tareas bien diseñada. El propósito principal de una lista de tareas es organizar y resaltar las tareas más importantes. Al escribirlas, obtendrá una visión panorámica de sus tareas más esenciales.

Una lista de tareas bien diseñada debería ayudarle a concentrarse en el trabajo correcto y evitar cualquier distracción. Su lista de tareas es una herramienta para hacer bien las cosas; no es una herramienta para hacer todo. Vuelva a leer el párrafo anterior hasta que entienda correctamente la diferencia. Cuando usted malinterpreta el papel de su lista de tareas, creará y usará una lista ineficaz. De este modo, en lugar de aumentar su productividad, termina restringiéndola.

Ahora usted tiene un enfoque de lista de cosas por hacer que puede hacer que su día en lugar de romperlo. Tenga en cuenta que debe escribir esta lista de tareas semanales y a largo plazo en una página separada de su diario.

Capítulo 4 - Los secretos de la productividad

Cómo priorizar cuando todo es importante

Usted no se encuentra solo; no todos tenemos tiempo suficiente para hacer todo lo que queremos hacer. Sin embargo, ¿todo en su lista de cosas por hacer son importantes (o se siente de esa manera)? Luego, es hora de que implemente cualquiera de las técnicas de priorización de esta sección. De esta manera, su lista de tareas puede ser más manejable y fácil de conquistar.

¿Qué es una técnica de priorización?

¿Cuál de las 150 tareas de su lista de tareas es la más importante? La técnica de priorización le ayudará a responder correctamente a esta pregunta. Esta técnica le proporciona un método formal para evaluar la importancia de terminar cada tarea de su lista. Al implementar el proceso de priorización, usted puede tomar las decisiones correctas sobre el proyecto que necesita hacer. Pero elimine los que son menos urgentes e importantes. Incluso usted puede establecer un período para una tarea en particular.

Las técnicas de priorización resuelven dos cuestiones vitales:

Cuestión 1: ¿Siente usted que ha pasado todo el día realizando tareas urgentes para todos los que han buscado su ayuda? Luego, una lista de prioridades le ayudará a evitar asignaciones de pánico irrazonables de último minuto y a recuperar el control de su tiempo.

Cuestión nº 2: ¿Son tan importantes las convocatorias de reunión o los correos electrónicos entrantes? Nunca completará

58

un trabajo importante cuando permita que otras personas creen su lista de tareas por usted a través de correos electrónicos entrantes y convocatorias de reunión. Cuando conoce las tareas específicas en las que debe centrarse y la razón para hacerlo, puede justificar fácilmente el retraso en responder a ese mensaje de correo electrónico o el rechazo de una invitación a una reunión.

Durante mi tiempo en un equipo de desarrollo de productos, a menudo utilizamos nuestra lista de prioridades para evitar distracciones y retrasos. Cuando las partes interesadas realizan solicitudes nuevas y urgentes, les mostramos la lista de prioridades. Luego, pregúntese: "¿Qué tarea se debe quitar para acomodar su nueva solicitud?" A menudo, una vez que ven la importancia de los otros temas de la lista, sus solicitudes urgentes se vuelven menos urgentes.

También puede usar esta técnica para manejar las prioridades con su familia, compañeros de trabajo y su jefe. También puede funcionar para esa parte de su cerebro que siempre está buscando nuevas ideas, dándote razones para postergar un trabajo valioso.

 Utilice estas técnicas de priorización para centrarse en su trabajo más importante. Debe elegir la técnica de priorización correcta que tenga sentido y funcione para usted. Afortunadamente, usted puede encontrar un método que funcione a partir de cualquiera de estas técnicas de priorización:

1. Matriz de prioridades

Esta técnica implica la distribución de sus tareas en una matriz de 4 cajas. El eje y representa un valor, mientras que el eje x representa otro. Luego, cada cuadrante representa una prioridad definida por los valores.

La imagen de abajo ilustra esta técnica.

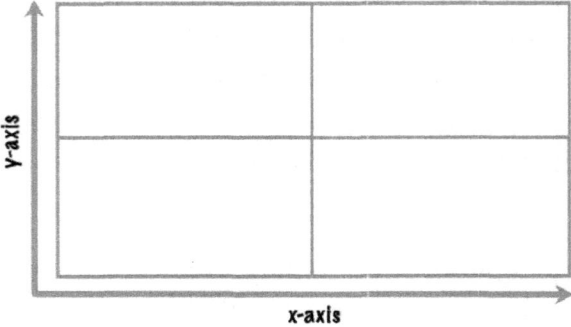

La matriz de Eisenhower es un ejemplo famoso de una matriz prioritaria. En esta matriz, la urgencia es el valor del eje x, mientras que la importancia es el valor del eje y. Utilice la urgencia y la importancia para evaluar las tareas, antes de colocar cada tarea en el cuadrante correcto. Por lo tanto, la matriz de Eisenhower se parece a la imagen de abajo:

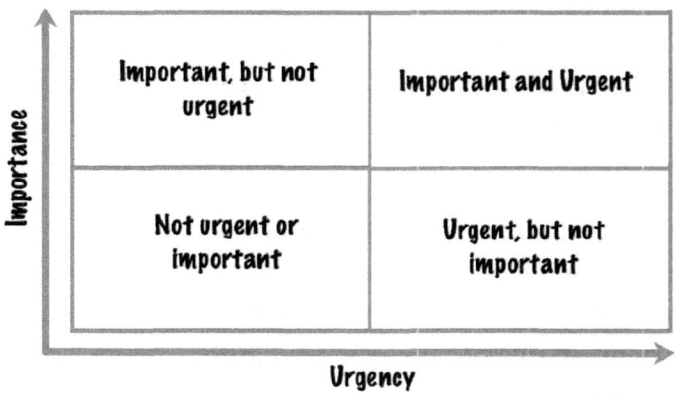

Después de colocar cada tarea en su cuadrante adecuado, puede determinar lo que necesita eliminar de su lista. También puede descubrir lo que necesita delegar, en lo que necesita trabajar más tarde y en lo que necesita trabajar ahora.

Tenga en cuenta que puede utilizar cualquier valor que tenga sentido para usted como sus valores de los ejes x e y en la matriz de prioridades.

Aquí hay dos ejemplos adicionales:

a. Matriz de esfuerzo-impacto

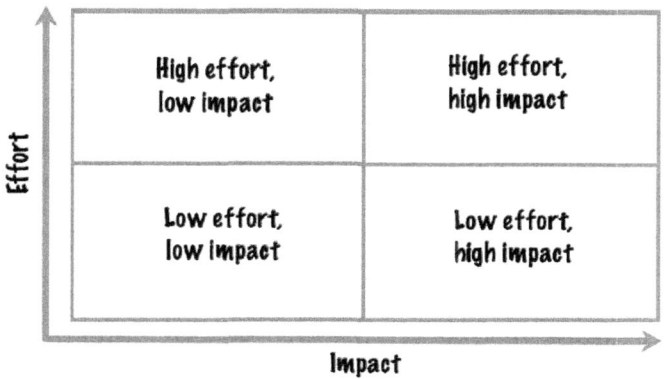

En esta matriz, se evalúan las tareas en función del esfuerzo que se va a realizar para completarlas y el impacto de completarlas. Sus prioridades son las tareas en los dos cuadrantes de la derecha. Dado que las tareas de "bajo esfuerzo, alto impacto" representan ganancias rápidas; es probable que sean sus prioridades más importantes.

b. Matriz valor-coste

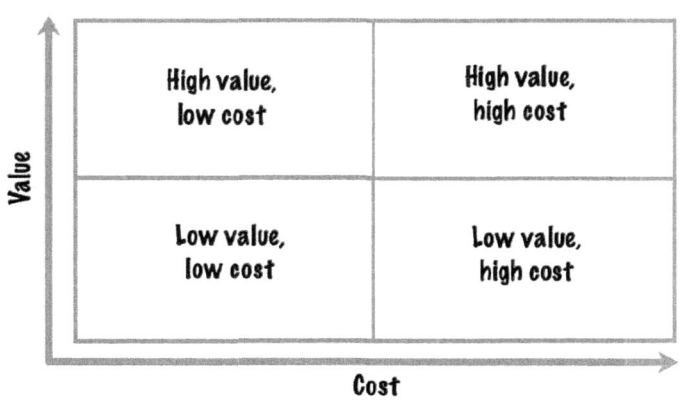

En esta matriz, sus prioridades son los dos cuadrantes superiores. Sus ganancias rápidas son las tareas de "alto valor, bajo costo", pero debe evitar ejecutar tareas de "bajo valor, alto costo". Si la matriz de prioridad resuena con usted, puede construir sus matrices en una hoja de cálculo, en papel, utilizar la aplicación de matriz de prioridad o la aplicación de matriz de Eisenhower gratuita.

2. MoSCoW (se pronuncia como la capital de Rusia)

En esta sencilla técnica de priorización, usted categoriza cada tarea de su lista de tareas en cuatro:

- Las tareas de M deben hacerse: Tareas muy importantes
- Las tareas de la escuela deben ser realizadas: Aunque son de menor prioridad que las tareas m, las tareas s son cosas que usted debe hacer
- Las tareas C pueden hacerse: Estas son tareas que te gustaría hacer. Sin embargo, si no lo haces, no importará en absoluto.
- Las tareas W... no funcionan: Estas son tareas que no valen la pena en absoluto.

Cómo utilizar esta técnica

Utilice el MoSCoW para categorizar cada tarea. El orden de prioridad de sus tareas debe ser M, S y C. Elimine sus tareas W.

Luego, comience a trabajar en su lista de arriba hacia abajo, y puede estar seguro de que está trabajando en sus tareas de mayor prioridad.

Trello o cualquier otra aplicación Kanban (disponible en tiendas Android e iTunes) es muy útil para el método MoSCoW.

Especifique el orden de cada tarea arrastrándola y soltándola dentro de las listas.

Para obtener resultados óptimos con el método MoSCoW, asegúrese de añadir todas sus tareas a una lista maestra antes de categorizarlas. Utilice un zap (un flujo de trabajo Zapier automatizado) para hacer esta adición; automatiza el movimiento de sus mini-proyectos desde Slack y su bandeja de entrada de correo electrónico a su lista de tareas pendientes.

3. ABCDE

Una de las principales desventajas de la técnica MoSCoW es que no se puede utilizar para la delegación de tareas. La mejor alternativa es utilizar el método ABCDE de Brian Tracy (detalles en su libro "Eat The Frog"). El método ABCDE es similar al método MoSCoW.

- Las tareas A son las tareas M en el método MoSCoW - hágalas
- Las tareas B son las tareas s del método MoSCoW
- Las tareas C son las tareas c del método MoSCoW
- Las tareas D son tareas que debe automatizar o delegar - esta es la diferencia
- Las tareas E son las tareas w del método MoSCoW - borrarlas

Utilice la prioridad de cada proyecto para asignarle una letra. Al delegar las tareas D y eliminar las tareas E, puede centrarse en las tareas A, B y C, las más importantes.

También puede utilizar aplicaciones Kanban para esta técnica. Su lista maestra debe incluir sub-listas con tareas A, B, C, D y E.

Arrastre y suelte tareas en la categoría correcta de la lista principal y, a continuación, comience con sus tareas A.

4. Priorización Ágil

Este método de priorización, también conocido como priorización de scrum, se basa en ordenar sus tareas. Si tiene 15 tareas pendientes en su lista de tareas, utilice prioridad y secuencia para organizar los mini proyectos de 1 a 15. La priorización de Scrum es altamente efectiva cuando la serie es altamente esencial. Por ejemplo, asumiendo que su tarea más importante es reponer el piso de su baño, pero también tienen que hacer funcionar tuberías nuevas. Aunque la instalación de tuberías nuevas es una prioridad menor, primero debe ser completada porque afectará su tarea más importante: volver a arar el piso.

Existen tres criterios para evaluar la tarea en la priorización de scrum:

- La importancia del proyecto
- La importancia del proyecto en relación con otras tareas
- Otros proyectos que pueden afectar esta tarea

Asigne a cada uno de estos criterios un número de 1 a N (N = número total de elementos de su lista). Cada artículo debe tener un número único. No hay dos tareas que puedan ser #1. Aunque la priorización de scrum puede combinarse con las técnicas MoSCoW y ABCDE, también es útil por sí sola. Considere la interdependencia de las tareas entre sí antes de clasificarlas por prioridad. Luego, colóquelas en orden de finalización.

Cualquier aplicación de lista de tareas arrastrada y soltada es adecuada para la priorización de scrum. Pero para mayor eficiencia, en lugar de usar herramientas de arrastrar y soltar, puede usar Yodiz (una herramienta específica de scrum) para asignar números a cada tarea. Yodiz tiene un plan gratuito.

5. Clasificación de burbujas

Vamos a reformular el criterio #2 de la técnica de priorización del scrum para "¿qué tan importante es una tarea en relación con otras tareas?" La clasificación por burbujas es una técnica que compara la importancia de las tareas entre sí. Por lo tanto, es una técnica útil para responder a la pregunta anterior. El primer paso para usar esta técnica es organizar todos los elementos que tiene que hacer en una cuadrícula horizontal:

Task 1	Task 2	Task 3	Task 4	Task 5	Task 6

El siguiente paso es comparar las dos primeras tareas e identificar la más importante. Luego, mueva el elemento más crítico a la parte superior izquierda. Usando la imagen de arriba, asumir la tarea 2 es más importante que el ítem 1, entonces, se convierte en la primera tarea de la cuadrícula horizontal.

Continúe comparando las dos tareas más cercanas hasta que agote la lista de tareas utilizando la pregunta anterior como base para reorganizar el orden de los artículos.

Después de reordenar la lista completamente, su prioridad menos importante es ahora la extrema derecha, mientras que su prioridad más importante es ahora la extrema izquierda.

A continuación se muestra un ejemplo de una lista completamente reordenada en orden de prioridad:

Task 2	Task 1	Task 6	Task 4	Task 3	Task 5

Aunque no hay herramientas específicas adecuadas para esta técnica, cualquier aplicación de gestión de proyectos apropiada para la priorización de arrastrar y soltar puede funcionar eficazmente. Pero en lugar de trabajar en tareas de izquierda a derecha, se trabaja en ellas de arriba a abajo.

6. La Técnica 1-3-9

Esta técnica le permite priorizar tareas urgentes pero menos importantes. Cada día usted debe completar 13 tareas:

- Nueve artículos de baja importancia
- Tres tareas un tanto importantes
- Una tarea crucial

Primero, trabaje y complete sus tareas, luego, sus tres tareas y por último, sus nueve tareas. El método 1-3-9 le ayuda a trabajar en las tareas más importantes de las menos importantes.

7. Dos listas

Esta técnica se atribuye a Warren Buffet. Así es como funciona: escriba 25 tareas por hacer, luego, marque con un círculo los cinco elementos principales de esta lista. A continuación, agrupe estas tareas en dos extensas listas. La primera lista que contiene las cinco tareas que marcó con un círculo es ahora su lista de tareas pendientes. La segunda lista, que incluye los otros 20 elementos, es ahora la lista de cosas que no debes hacer. Complete sus cinco tareas antes de pasar tiempo en su lista de cosas por hacer. Aunque esta técnica se puede realizar con cualquier aplicación que le permita mover tareas entre listas, es una técnica diseñada para ser realizada en papel.

Cómo elegir la técnica de priorización más adecuada

El objetivo de estas técnicas de priorización es el mismo: ayudarle a trabajar en sus tareas de mayor prioridad. Por lo tanto, no importa si usted usa una técnica, múltiples técnicas o si combina partes de las diferentes técnicas. Debe asegurarse de que la técnica que elija tenga sentido, se sienta natural y sea adecuada para usted.

La técnica para hacer que sus metas sean alcanzables

En estos días, nos vemos empujados en muchas direcciones de nuestra vida personal y profesional que la idea de la libertad se convierte en una ilusión. Pero imagine:

- Usted puede aportar una mayor eficiencia a su vida
- Usted puede concentrarse en lograr sus metas en lugar de tratar de lograr un número infinito de tareas en sus listas de tareas.

Imagine el tiempo libre que se abrirá en su vida y el cambio positivo en la calidad de su vida. Este deseo de crear tiempo libre es la base del método de planificación rápida (RPM). Además de ser un sistema de gestión del tiempo, RPM le ayuda a centrarse en aspectos críticos que pueden ayudarle a organizar su vida de forma más eficiente. Así, usted puede maximizar su sentido de realización, alegría y optimizar los resultados deseados. La suposición es que usted está más impulsado a tomar acciones que lo lleven al éxito cuanto tiene propósitos claros que impulsen sus acciones. El Chunking (una forma altamente eficiente de maximizar su día) es uno de los componentes centrales de las RPM.

¿Qué es Chunking?

Chunking significa organizar la información en piezas del tamaño de un bit para producir el resultado deseado sin paradas ni tensiones. Una fuente de estrés en nuestras vidas es que no contar con suficiente tiempo para hacer un número infinito de cosas por nuestras vidas. Esta fuerte emoción por hacer las cosas lleva a la creación de listas de tareas. Pero un gran número de artículos en la lista puede llevar a la frustración. Por lo tanto, ni siquiera abordaremos ningún proyecto de nuestra lista.

Basado en mi experiencia, tres métodos de fragmentación han sido los más efectivos:

- Rebajar por cantidad
- Se redujo para el momento en que
- Reducido por pasos procesables

1. *Rebajar por cantidad*

Esto significa fijar una cuota. Si usted es un escritor, puede establecer una cuota para su escritura. Por ejemplo, puede escribir un máximo de 3 páginas por día hasta que complete su novela.

Alternativamente, su cuota puede ser un recuento de palabras. Un ejemplo es el desafío del mes de la novela nacional. Si usted es un participante, se le pedirá que escriba 1,667 palabras por día, y al final del mes, usted habrá completado un libro de 50,000 palabras.

Aquí hay otros tres ejemplos de cómo reducir una meta por cantidad:

- Golpea 300 pelotas al día para mejorar su habilidad en tenis.

- Aprende diez palabras de francés al día durante 100 días para mejorar su fluidez en francés.
- Haga un dibujo al día durante un año para mejorar su fluidez en el dibujo.

2. Se redujo para el momento en que

Hace un tiempo, tenía sobrepeso porque estaba tomando malas decisiones alimenticias, comiendo mucho fuera de casa y no estaba haciendo ejercicio. Después de elegir bajar de peso, mi nutricionista y yo desarrollamos un plan para perder 30 libras en tres meses. Me proporcionó un menú de qué comer durante este mes. También me dijeron que caminara una hora diaria.

Caminar una hora al día se convirtió en un componente significativo para reducir mi meta. Por lo tanto, usé el tiempo para reducir mi meta de perder peso.

Aquí hay algunas otras metas que se pueden reducir con el tiempo:

- Ordenar durante 10 minutos diarios para ser organizados
- Practicar el piano durante 40 minutos diarios para convertirse en un maestro pianista.
- Meditar durante 15 minutos diarios para controlar el estrés

Sin embargo, pasar una hora al día para lograr mis metas importantes sigue siendo mi forma favorita de reducir mis metas.

3. Reducido por pasos procesables

Al crear una lista de pasos procesables, usted puede reducir una meta que no está seguro de poder alcanzar. Meta, subobjetivos y pasos a seguir son tres términos que utilizaríamos para describir este método.

Por definición,

- Los objetivos son el objetivo que se pretende alcanzar
- Los subobjetivos son los hitos para alcanzar los objetivos
- Los pasos por seguir son las tareas individuales para lograr cada subobjetivo.

Asumiendo que usted tiene la intención de "crear un video curso", pero nunca ha creado un curso o hecho videos. Su primer paso es establecer una fecha límite para la creación del video curso. Usemos un plazo de 6 meses (180 días). Luego, abra Excel y cree 180 espacios (un espacio por cada día); esta es su lista de pasos a seguir.

Ahora, cree diez subobjetivos para lograr su gran objetivo. Cada vez que necesites ayuda para crear los subobjetivos, puedes hacerlo:

- hable con un experto en creación de cursos de vídeo,
- leer un libro sobre ello,
- ver algunos videos de YouTube, o realizar investigaciones en línea.

Para nuestro ejemplo de creación de cursos en video, aquí hay diez subobjetivos para lograr este objetivo:

- Equipamiento adecuado
- Aprender a usar el equipo
- Desarrollo del título del curso
- Valide su idea de título
- Desarrolle su esquema
- Desarrollar el guion
- Diseñar las diapositivas
- Comienza a grabar los videos
- Edite sus vídeos (le recomiendo que los subcontrate)

- Inicie su curso

Para facilitar las cosas, supongamos que cada subobjetivo tiene un plazo de 18 días (es decir, 180 días (el plazo total) dividido por 10 (el número de subobjetivos)). Por lo tanto, necesitamos 18 medidas prácticas para alcanzar cada subobjetivo.

Puede utilizar la siguiente guía para crear sus pasos a seguir.

Paso práctico para cada día:

- Uno: lo que puede hacer de inmediato para empezar
- Dos: la siguiente acción física a tomar
- Repita los pasos anteriores hasta que tenga pasos procesables para completar su primera submeta.

Si usted completa una submeta en menos de 18 días, pase a la siguiente submeta. Luego, continúe hasta que logre su objetivo. A medida que escriba los pasos a seguir, hágase esta pregunta: "¿Soy capaz de dar el paso inmediatamente?" Si su respuesta es "sí", entonces incluya este paso procesable. De lo contrario, desglose este paso más adelante.

También puede utilizar la técnica CRUMBBB, un acrónimo de "unidad claramente realizable que es un componente importante". Realizable significa que usted puede tomar acción inmediatamente, mientras que Significativo significa que lo acerca para completar su meta. Puede leer más sobre el método CRUMBBB en un libro titulado "dominar el momento" escrito por el autor de best-sellers, Pat Brans.

Use cualquiera de los tres métodos para reducir sus metas. Dividiendo sus metas y abordándolas en trozos pequeños, usted puede ahorrar tiempo y alcanzar sus metas fácilmente.

5 de los mayores asesinos de la productividad y cómo superarlos

Todos aspiramos a ser buenos administradores del tiempo y a alcanzar altos niveles de productividad. Sin embargo, experimentamos varios obstáculos y distracciones que nos impiden alcanzar las metas antes de que podamos siquiera pensar en superarlas.

En esta sección del capítulo, descubrirá las grandes pérdidas de tiempo y los principales asesinos de la productividad.

1. Negocios

Las actividades en esta categoría incluyen convocar reuniones innecesarias, hacer llamadas telefónicas innecesarias, organizar el correo electrónico y limpiar el escritorio. La mayoría de la gente se da el gusto de trabajar en exceso por el hecho de estar ocupada. Cuando usted se da el gusto de realizar estas actividades no sustanciales, no es productivo.

Cómo superar: reservar una hora al día para delegar todas estas tareas. Entonces, usted puede enfocarse fácilmente en su lista de artículos de alta prioridad.

2. Planificación excesiva

Con la planificación, usted está seguro de que no se perderá ninguna cosa importante. Usted ya conoce sus próximas acciones, y puede enfocarse en sus metas con su lista de tareas. Sin embargo, en lugar de hacer ningún trabajo real, es mucho más fácil dedicar tiempo a actualizar y organizar su calendario.

Cómo superar: reservar un día cada 21 días para revisar las tareas pendientes. Además, dedique 15 minutos cada mañana para revisar el desempeño del día anterior y actualizar sus metas para el día. Las aplicaciones Evernote y Day One son muy útiles para este propósito.

3. Menos sueño

Uno de los mayores asesinos de la productividad es dormir menos y quedarse despierto hasta tarde. Cuando usted duerme menos, hace las cosas lentamente porque es difícil para usted ponerse en movimiento. Por lo tanto, usted se vuelve adicto al café antes de que pueda tener un día productivo.

Si bien puede no ser necesario dormir ocho horas completas, asegúrese de dormir lo suficiente para que sea productivo durante el día. Por lo tanto, se evita depender de sustancias químicas que pueden plantear un problema grave de salud en un futuro próximo.

4. Buzón de entrada de correo electrónico

El correo electrónico es altamente adictivo, y es el mayor succionador de tiempo en la vida personal o de negocios. Peor aún, no podrá hacer ningún trabajo. Cuando usted envía un correo electrónico a un cliente o colega y discute sobre el trabajo, no está tratando sus problemas, sino ayudando a otros a resolver sus problemas.

3 maneras simples y efectivas de superar la sobrecarga del correo electrónico:

1. Revise su correo electrónico tres veces al día. Esto puede ser una hora antes de llegar al trabajo, después del almuerzo y justo antes de dormir. Por lo tanto, puede estar seguro de que no se está perdiendo nada.
2. Usa Boomerang para Gmail para programar respuestas y configurar recordatorios para hacer un seguimiento de los correos electrónicos enviados. Así, usted tiene el control

de su tiempo porque puede enviar todas sus respuestas a la vez.

3. No escriba más de un párrafo de respuesta a su correo electrónico. Una opción mejor y más efectiva es hacer una llamada rápida, luego, escribir un correo electrónico corto para que actúe como el rastro de papel.

Cuando implementé esta técnica, pasé menos de una hora en correos electrónicos en lugar de dos horas. Rastreé mi tiempo usando RescueTime,

5. Multitarea

La multitarea significa cambiar de tarea constantemente. Como humanos, nuestros cerebros no pueden manejar varias tareas complejas simultáneamente. Cuando Realice varias tareas a la vez, usted es menor productivo porque produce poco trabajo de calidad, comete más errores y, a veces, pierde más dinero.

Cómo vencer: Vuelva a leer las secciones anteriores de este capítulo.

Capítulo 5 - Lidiando con las distracciones

La diferencia entre distracciones internas y externas

Antes de diferenciar entre distracciones internas y externas, he aquí una explicación sobre cada una de ellas.

Distracciones internas

Las distracciones internas se generan a partir de nuestra propia imagen y percepciones; vienen de nuestro interior. Usted está experimentando distracciones internas cada vez que su plan del día se retrasa o se obstaculiza por sus pensamientos o autopercepciones. El ego negativo rebelde (especialmente, la falta de autoaceptación, la falta de amor propio, o ambos) es generalmente la causa principal de las distracciones internas. Implica su deseo de tener el control para cambiar a otros o hacer cambios específicos sobre usted mismo. Estos pensamientos eventualmente se convierten en una lucha interna autoimpuesta, que conduce a la frustración.

En comparación con las distracciones internas, es más fácil superar las distracciones externas. Usted necesita tener el control de su mente para superar las distracciones internas. Es decir, debe ser mentalmente disciplinado. Cuando usted tiene muchas cosas en su mente, será menos productivo. Por ejemplo, tendrá dificultades para concentrarse cuando tenga un problema de salud, esté deshidratado o no haya dormido lo suficiente. Además, si usted está experimentando algunos desafíos en su relación, tendrá dificultades para concentrarse.

Y lo que es más importante, las distracciones internas le impiden hacer un trabajo real. Cuando no tiene un propósito o una misión, no hará nada. Si usted no pasa suficiente tiempo para considerar sus metas reales (ya sean a largo o corto plazo), no hará nada. Usted debe pasar el tiempo para planear su semana y días, luego, comprometerse a hacer lo que lo acerque más a sus metas.

Así, evitará sentarse en un modo reactivo, esperando que alguien le provea de lo que vendrá o que el mundo trabaje para usted. De esta manera, usted puede administrar su tiempo adecuadamente y ser verdaderamente productivo. Cuando usted experimenta distracciones internas (lo cual está destinado a suceder), debe dejarlas para su debido tiempo. De lo contrario, no se concentrará en ser productivo con su tiempo.

Distracciones externas

Hay muchas distracciones externas que pueden afectar negativamente su enfoque. Necesita prestar atención a algunas de estas distracciones porque son vitales.

Ejemplos;

- Su hijo necesita que lo lleven a casa porque se reportó enfermo en la escuela.
- Su mejor cliente necesita su atención porque está luchando con un reto severo.

Aunque estas distracciones externas pueden ocurrir y ocurren, no son lo suficientemente frecuentes como para afectar su productividad. Sin embargo, la mayoría de las distracciones externas no deberían llamar su atención porque no son tan importantes. Ejemplos de distracciones externas sin importancia incluyen innumerables novedades y trivialidades en Internet o conversaciones sobre los muertos que caminan, juegos de tronos o cualquier otro programa de televisión popular.

Generalmente, todo lo demás que usted puede usar como excusa para no planear o ejecutar su plan es una distracción externa.

Si eres lo suficientemente disciplinado y considerado, puedes apagarte, apagarte y evitar las distracciones externas.

Más adelante en este capítulo descubrirá formas comprobadas de eliminar las distracciones externas.

Tipos de Distracciones Internas

En esta sección, usted descubrirá los tipos de distracciones internas que existen. El énfasis usual es eliminar las distracciones, pero usted necesita saber los tipos de distracciones internas antes de poder prevenirlas o deshacerse de ellas. Conocer los tipos lo ayudará a darse cuenta de su tipo de distracción interna y la mejor manera de eliminarla.

Tipo 1: Autoduda

La inseguridad (y no la falta de talento) es el mayor asesino de los sueños. Usted puede convertir sus dudas en una predicción autocumplida cuando crea cosas como:

"No puedo competir con otros negocios" o

"Nunca me ascenderán".

Independientemente de su confianza, hay momentos en los que va a experimentar un poco de duda de sí mismo. Nos pasa a todos. Sin embargo, usted debe estar mentalmente sano para evitar la duda de sí mismo para que pueda alcanzar sus metas.

La duda te hace perder la confianza en ti mismo. La duda puede hacer que renuncie antes de alcanzar su meta. Esta es una distracción significativa. Aumentar su autoestima es la mejor manera de deshacerse de esta distracción interna. Algunas de las maneras en que usted puede mejorar su autoestima son:

1. Mantenerse centrados en el presente

Por ejemplo, estás corriendo en un campo de atletismo o en un escenario, pero dentro de ti, estás pensando: "Me avergonzaré a mí mismo". Este pensamiento afectará negativamente su rendimiento. En lugar de permitir que su monólogo interior lo arrastre hacia abajo, concéntrese en el presente. Recuerde que no necesita esforzarse por alcanzar la perfección; sólo necesitas hacer lo mejor que pueda. De esta manera, usted puede verter toda su energía para lograr un mejor rendimiento.

2. Controle sus emociones

Sus pensamientos y acciones dependen en gran medida de sus emociones. A menos que usted tome medidas proactivas para controlar sus emociones, los sentimientos de ansiedad pueden desencadenar pensamientos dudosos y estropear su desempeño.

Controle la influencia de sus emociones en sus elecciones. Controle su ansiedad y calme su mente distrayéndose con tareas mundanas, dando un paseo o respirando profundamente. No ceda, se dé por vencido ni se retire a causa de su incomodidad a corto plazo.

3. Pregúntese:"¿Qué es lo peor que puede pasar?"

Las predicciones alocadas como "voy a estropearlo todo" pueden hacerlo dudar. Cuando estos pensamientos dudosos empiezan a aparecer, considere el peor de los casos. Si comete un error, ¿qué tan graves serían las consecuencias de su error? La verdad es que no es probable que cualquier error altere la vida. No conseguir un ascenso, tropezar con tus líneas o perder un juego no será tan relevante en unos pocos años. Por lo tanto, calme sus nervios manteniendo las cosas en la perspectiva adecuada.

4. *Considere la evidencia que apoya sus pensamientos distractores*

Pregúntese: "¿Cuál es la prueba de que no puedo o puedo hacer esto?" Su respuesta a esta pregunta le dará una perspectiva realista. Aunque esta técnica no eliminará todas sus dudas, las reducirá significativamente.

5. *No se preocupe por un poco de dudas sobre usted.*

Según un estudio de 2010 publicado en la revista Psychology of Sport And Exercise, una ligera inseguridad puede conducir a un mejor rendimiento. Cuando sepa que las cosas pueden no ir de acuerdo con el plan, cree unos minutos para planificar cómo puede mejorar. Estos pocos minutos de planificación le ayudarán, a largo plazo, a utilizar su tiempo correctamente. La confianza en uno mismo sigue siendo la mejor manera de eliminar las auto distracciones.

Tipo 2: Pensamiento excesivo y pensamientos angustiosos

Si le preocupa cómo va a tener éxito mañana o se castiga por un error que cometió un día anterior. Entonces, usted está sufriendo de pensamientos angustiosos. Por lo tanto, se encuentra en constante estado de angustia, incapaz de pensar en otra cosa.

Aunque todos pensamos demasiado de vez en cuando, no debería ser demasiado constante. Dos de los patrones de pensamiento destructivos en este monólogo interno son preocupantes y rumiantes.

Reflexionar implica repasar acciones anteriores. Ejemplos de pensamientos reflexivos incluyen:

- Hablé demasiado pronto en la reunión de hoy. Me di cuenta por sus ojos que pensaban que yo era un idiota.
- Fui una estúpida al dejar mi antiguo trabajo. Si me hubiera quedado, habría sido más feliz.
- Mis padres tenían razón. No llegaré a nada.

Preocuparse implica predicciones negativas sobre su futuro. Los ejemplos incluyen

- Mi presentación de mañana será vergonzosa. Todos llegarán a la conclusión de que no soy competente porque mis manos temblarán y mi cara se pondrá roja durante toda la presentación.
- No importa lo que haga, mi ascenso nunca ocurrirá.
- Ya no soy lo suficientemente bueno para mi cónyuge. Se divorciará de mí y encontrará a alguien más.
- Debo ayudar a Edward con su tarea y destruir mi plan de manejo de tiempo para el día porque Edward me ayudó durante mi tarea anterior.

A veces, los pensamientos angustiosos pueden ser en forma de imaginaciones negativas, como imaginar que su auto se desvía de la carretera. Pensar demasiado todo le impide realizar cualquier actividad productiva.

Efectos de pensar demasiado

Pensar demasiado puede tener un impacto negativo severo en su bienestar.

La evidencia de una investigación del NCBI sugiere que usted es más susceptible a los problemas de salud mental cuando se concentra en sus problemas, errores o deficiencias. Su tendencia a rumiar aumenta a medida que su salud mental declina, lo que lleva a un círculo vicioso que tal vez nunca rompa.

Otro estudio también mostró que la angustia emocional severa podría ser el resultado de pensar demasiado. Cuando no puede dormir incluso después de cerrar su mente, entonces, sabe que es un pensador excesivo. Con menos horas de sueño y una calidad de sueño más reducida, el manejo de su tiempo para el día siguiente será completamente deficiente porque usted deseará más descanso.

Tipo 3: Síndrome del objeto brillante

El síndrome del objeto brillante implica la distracción a través de nuevos productos, herramientas e ideas. Estos 'brillantes objetos' parecen más divertidos y emocionantes que sus proyectos actuales. A veces, usted puede incluso pensar que este nuevo proyecto tiene más perspectivas que el proyecto en el que está trabajando en este momento.

Si usted puede relacionarse con cualquiera de lo siguiente, entonces, usted está sufriendo del síndrome de objeto brillante:

- En lugar de completar lo que está haciendo actualmente, salta continuamente de una meta a otra.
- Usted está fascinado por los reclamos salvajes de varios e-courses. De esta manera, se salta a otro curso electrónico sin implementar lo que se aprende en el anterior.
- En lugar de ejecutar una de sus ideas de negocio, usted sigue compilando una lista de ideas de negocio.
- En lugar de construir lo básico, usted gasta demasiado tiempo en nuevas ideas y herramientas, el 95% de las cuales son ruido.

Una de las mejores maneras de superar el síndrome del objeto brillante es adquirir el hábito de completar una tarea antes de pasar a la siguiente. En la siguiente sección de este capítulo, descubrirá formas comprobadas de silenciar las distracciones internas.

13 maneras de silenciar las distracciones internas

En la sección anterior, discutimos los tipos de distracciones internas, pero no discutimos cómo detenerlas excepto el primer tipo de distracción. En esta sección, descubrirás cómo silenciar las distracciones internas de los tipos dos y tres. También encontrará otras maneras de silenciar las distracciones internas.

4 maneras de dejar de pensar demasiado

Usted puede limitar sus patrones de pensamiento negativo con la práctica constante. Aquí están las seis maneras probadas de dejar de pensar demasiado:

1. *Empieza a prestar atención a la forma en que piensa*

El primer paso para poner fin al pensamiento excesivo es la conciencia. Cuando observas que usted repite eventos en su mente repetidamente, piense en el hecho consciente de que sus pensamientos no pueden cambiar el pasado.

2. *Aprender a reconocer y reemplazar los errores de pensamiento*

Ya que los pensamientos negativos pueden ser altamente exagerados, usted debe reconocerlos y reemplazarlos con pensamientos positivos. De lo contrario, usted puede asumir erróneamente que será despedido por llamar para avisar que está enfermo o que se quedará sin hogar porque se le olvida una fecha límite.

3. Enfoque en la solución del problema

Buscar soluciones es más útil que pensar en sus problemas. Deducir las lecciones de un error o desarrollar pasos para prevenir un problema futuro. Siempre pregúntese, ¿qué puedo hacer al respecto? En lugar de preguntar, ¿por qué sucedió esto?

4. Crear tiempo para reflexionar

Un poco de reflexión puede ayudarle a manejar su tiempo para el resto del día correctamente. A través de su meditación, usted debe identificar los posibles vacíos en su plan o lo que podría ser diferente para tener éxito. Su horario diario debe incluir 20 minutos de tiempo para pensar. Permita que su mente se desvíe excesivamente durante este tiempo. Luego, cuando hayan pasado los 20 minutos, pase a las tareas productivas. Cuando observe que ha comenzado a pensar demasiado fuera de su tiempo de pensamiento, recuérdese a sí mismo que lo pensará más tarde. Es posible que tenga que repetir este recordatorio más de una vez antes de que sea efectivo.

5 consejos para superar el síndrome de los objetos brillantes

Es cuando usted está enfocado en poder manejar su tiempo satisfactoriamente y hacer las cosas. Pero es necesario evitar el síndrome del objeto brillante antes de poder concentrarse por completo. Aquí hay cinco consejos probados para superar el síndrome del objeto brillante:

1. Aprender a diferenciar entre oportunidades reales y objetos brillantes

Los objetos brillantes son distracciones reales que se disfrazan de herramientas excelentes y emocionantes. Por ejemplo, se están introduciendo algunas herramientas nuevas en el mercado que hacen afirmaciones muy audaces. Pero no agregará valor a su trabajo o vida productiva. Las oportunidades reales deben tener un impacto real en su vida o trabajo. Por ejemplo, herramientas que mejoran la entrega de su producto o servicio y herramientas que pueden impulsar su flujo de trabajo.

2. Utilizar la técnica de "esperar y ver".

Utilice esta técnica cuando no esté seguro de su próxima decisión. Muchas herramientas se están volviendo obsoletas en un par de años debido a los rápidos avances tecnológicos. Si se introduce nuevo software en el mercado y dice que lo hace más productivo, analice críticamente si necesita o no esa herramienta. Sólo debe comprar esta nueva herramienta cuando esté seguro de que no tiene otra alternativa.

3. Eliminar las fuentes de información de baja calidad

Manejar las fuentes de distracción es una de las mejores maneras de manejar la distracción. Cuando se suscribe a boletines informativos que recomiendan nuevos productos con frecuencia, siempre tendrá dificultades para concentrarse porque desea evaluar cada producto antes de tomar una decisión de compra. Esto se llama carga cognitiva. Su mejor opción es eliminar las fuentes de información de baja calidad en lugar de utilizar su preciosa energía mental para filtrar el ruido. Evalúe sus suscripciones por correo electrónico, suscripciones a grupos de Facebook y noticias de medios sociales. Darse de baja de grupos y boletines que ofrezcan sugerencias inútiles e irrelevantes.

4. No siga la corriente

Evalúe la idoneidad de una nueva herramienta para su trabajo y su vida antes de comprarla. No lo compre ni lo use porque sus colegas lo llaman la mejor innovación. Esta nueva herramienta puede convertirse en su fuente de improductividad. Siempre hágase estas tres preguntas críticas:

- ¿Cuáles son los méritos contra los deméritos de hacer esto?
- ¿Qué valor añadirá esto a mi vida o a mi trabajo?
- ¿Lo necesito?

Si usted está genuinamente seguro de que agregará valor a su trabajo y a su vida, entonces, hágalo.

5. No pierda el tiempo persiguiendo tendencias

Si usted sigue cada nueva herramienta e idea, no conseguirá hacer las cosas. Sólo perderá el tiempo persiguiendo tendencias. Además, debe entender que un producto nuevo no significa que sea un producto mejor.

4 Otras maneras de superar las distracciones internas

Ahora, aquí hay otras cuatro maneras de silenciar cualquier forma de distracción interna:

1. Practicar la defusión cognitiva

La mayoría de nuestros pensamientos intrusivos son retóricos y abstractos. Una manera efectiva de perder el poder de sus pensamientos negativos es reencuadrar esos pensamientos hasta que pierdan su significado. La defusión cognitiva es una técnica que cambia una palabra o frase y cómo te impacta. Por ejemplo, si siempre repite una frase como "la vida no tiene sentido", puede enmarcarla como "Estoy pensando que la vida no tiene sentido". La repetición de la frase reencuadrada elimina cualquier negatividad de la misma. Del mismo modo, si escucha continuamente una palabra en su cabeza cuando se siente mal ('perdedor') o confundido ('estúpido'), repetirlo diluye su poder. La clave es verbalizar el pensamiento para que pueda escucharlo.

Una técnica similar a la defusión cognitiva se denomina efecto o dirección positivos. Como su nombre lo indica, esta técnica consiste en transformar las palabras negativas en palabras positivas. Puede convertir palabras como "No puedo hacer esto" en "Por supuesto, puedo tener éxito". "Nunca lograré esta meta" se convierte en "Definitivamente voy a hacer que esto suceda". Cuando usted usa frases positivas, prepara sus lóbulos frontales y, en consecuencia, estimula un comportamiento dirigido a la meta.

2. Practicar la autocompasión

La autocompasión es el acto de tratarse a sí mismo con amabilidad. Usted usa un entendimiento gentil y calmante para responder a su ansiedad. Cuando usted tiene pensamientos ansiosos como "Oh no, aquí vamos. No puedo aceptar esto. Odio estos pensamientos."

La autocompasión puede convertir este diálogo interno en "No es fácil sentirse así, pero puede superar estos problemas y completar la tarea". Esta técnica disminuye los efectos de la ansiedad al alentarlo a no culparse por sentirse ansioso. Ayudará a acercarse al miedo desde un lugar de comprensión.

3. Verbalizar tus pensamientos

Como los problemas que pasan por su cabeza son a menudo un montón de pensamientos desordenados y preocupaciones, hablar en su cabeza rara vez revela algo significativo. Sin embargo, cuando verbalizas sus sentimientos y miedos, puede desarrollar una historia e identificar el significado de la historia. Si no le gusta una persona, anótalo en un diario. Los efectos son similares.

La escritura ayuda con los problemas físicos y psicológicos, ya que conduce al desarrollo de una narrativa coherente a lo largo del tiempo. Es el procesamiento cognitivo durante la escritura lo que lo convierte en una actividad terapéutica. Al crear una descripción, usted puede tener una idea de lo que está sucediendo. Por lo tanto, reduciendo parte de ese horrible ciclo de charla mental.

Otra técnica de escritura es escribir las tareas que desea realizar en la próxima hora. Luego, fije una fecha límite para que usted termine las tareas. El acto de escribir sus tareas críticas por hora reorientará su cerebro hacia sus proyectos más vitales. Agregar una fecha límite crea un sentido de urgencia que le ayuda a mantenerse enfocado.

4. Practicar la atención y la meditación

Si usted se encuentra atascado en su cabeza y necesita una rápida conexión a tierra en el presente, la atención puede ser más accesible. Es ligeramente diferente de la meditación. La mejor descripción de mindfulness es de Jon Kabat-Zinn, *"Concéntrese en el presente sin juzgar"*.

En todo momento, siempre vuelva a centrar su atención en lo que está haciendo en ese momento. Tómese un momento para concentrarse en el presente en lugar de en lo que está en su cabeza. Así, usted puede salir de sus distracciones internas cuando suceda.

6 maneras Confiables de Derrotar las Distracciones Externas

Las distracciones externas usualmente desbaratan nuestra ética de trabajo diaria. Esto puede ser cualquier cosa, desde el niño pequeño de su vecino corriendo por la ventana de su oficina, un golpe inesperado en la puerta principal, o un colega que se detiene para charlar. Puede distraerse con las notificaciones de Skype, las noticias de las redes sociales o el correo electrónico.

La mayoría de las veces, tenemos la culpa de estas distracciones. La mayoría de nosotros somos culpables de revisar las noticias de Facebook o el correo electrónico cuando deberíamos estar haciendo un trabajo real. Otras veces, las distracciones suceden igual que la vida. Por lo tanto, deben recobrar su concentración instantáneamente para evitar que la actividad consuma sus mentes.

Dado que prevenir es mejor que curar, usted debe encontrar maneras comprobadas de minimizar estas distracciones. Cuando nuestros intentos de prevenir las distracciones fracasan, es crucial que usted tenga estrategias para lidiar con ellas. Aquí hay seis maneras confiables de derrotar las distracciones externas:

1. *Atención cortafuegos*

En los últimos años, figuras famosas como Merlin Mann, Gina Trapani y Tim Ferriss han hecho popular este concepto en los círculos de productividad. Esta técnica consiste en evitar las distracciones en lugar de tratar con ellas.

Debe hacer un seguimiento de sus actividades e identificar las distracciones que le impiden realizar un trabajo productivo. Por ejemplo, puede utilizar software para bloquear el acceso a un sitio web específico que le haga perder demasiado tiempo. Si sigue siendo una distracción porque podría pasar por alto el software. Puede evitarlo utilizando su enrutador. Dado que tendrá que reiniciar el enrutador y guardar el cambio, sería un poco más difícil pasar por alto el enrutador. Durante ese tiempo, usted no se distraerá por el Internet, y tiene una alta probabilidad de enfocarse y volver a enfocarse en sus tareas cuando está distraído.

Para el correo electrónico, desinstale los notificadores y cambie la configuración del teléfono a silencioso para evitar los pitidos de los nuevos mensajes.

2. Mantenga su lista de cosas por hacer fácilmente visible

Mantener su lista de cosas por hacer cerca hace que sea más fácil volver a la tarea durante su período de espera y mantener su concentración clara. Por lo tanto, puede evitar caer en la trampa de la distracción. Además, asegúrese de escribir su lista de tareas de manera legible para que pueda leerla desde su posición de trabajo más común.

Configure pequeños mensajes de recordatorio, como "¿se encuentra haciendo una tarea? El verdadero secreto es hacer que su lista de tareas sea visible todo el tiempo y ser consciente de ello.

3. Mantenga una almohadilla de aplazamiento.

Esta almohadilla de aplazamiento puede estar en su escritorio o en su computadora. Apuntes sobre sus distracciones en ellos a medida que llegan. Por lo tanto, puede olvidarse de ellos y regresar más tarde. Una alternativa es usar un dispositivo separado para almacenar sus distracciones. Por ejemplo, usted puede tener una libreta de apuntes titulada "almohadilla para dejar las cosas para más tarde", que contiene sus distracciones.

4. *Maximice sus picos de productividad*

Todos tenemos períodos específicos del día en los que estamos en la cima de la productividad. Usted necesita identificar estos momentos y darse la mejor ventaja programando los más importantes para estos momentos.

5. *Psiquiatría para ir a trabajar*

Una razón convincente para completar el trabajo es altamente esencial para mantenerse en la tarea. Recuérdese sobre los beneficios de terminar su tarea. Por ejemplo, un fin de semana sin trabajo o el orgullo de terminar un proyecto desafiante. Recordarse de algunos beneficios a corto plazo también funciona. Por ejemplo, si usted completa una cantidad específica de trabajo, puede tener suficiente tiempo para descansar y llevar a su esposa a una cita para pasar la noche.

6. *Usar la técnica de recompensa instantánea*

Dígase a sí mismo que haría algo entretenido durante 10 minutos una vez que pueda completar su próxima tarea dentro de un marco de tiempo específico. Por ejemplo, si usted completa 600 palabras de un artículo en los próximos 30 minutos, usted jugará su juego favorito en su teléfono durante 5 minutos. Si su trabajo le permite trabajar a distancia, puede utilizar esta técnica para afinar su enfoque. Sin embargo, este método debería ser su último recurso porque es casi imposible hacer su mejor trabajo dentro de un plazo de 20 o 30 minutos. Es una buena estrategia cuando se encuentra demasiado distraído o cuando lucha para empezar el día con trabajo productivo.

Capítulo 6 - Emular el éxito

Ejemplos de fijación de objetivos de los Business Masters

En esta sección, exploramos los secretos de algunos grandes ejecutivos de negocios. Vamos a empezar:

1. Bárbara Corcoran

Barbara es una inversora de "Shark Tank" y fundadora de Barbara Corcoran Inc.

"Debido a las limitaciones de tiempo, suelo organizar mi lista en secciones. La primera sección es para las llamadas que pretendo hacer, pero no excede de tres llamadas. Puse mis llamadas en la primera sección para evitar olvidarlas.

La sección de revisión es mi segunda sección. Típicamente son tareas cortas. En él respondo a preguntas como:"¿Te gustaría estar en nuestro programa? puedo hacer una revisión rápida y sacarla de mi camino, ya que la documentación pertinente está adjunta a ella. Aunque no están listados en ningún orden en particular, me aseguro de completarlos en menos de un día.

La tercera sección es mi lista de proyectos. Éstas contienen tareas que mueven mi negocio hacia adelante y me hacen ganar dinero. Además, los clasifico como A, B y C, dependiendo de su importancia. Algunas de las tareas en esta lista son empresas en las que he invertido a través de Shark Tank. Las tareas A son esenciales y sólo para hoy. Las tareas B también son necesarias, pero su fecha límite no es hoy.

Cuando mi lista de tareas es demasiado pequeña, muestra que no he creado tiempo para la reflexión. Mi lista se vuelve más sustancial cuando tengo más tiempo para reflexionar. Cuando reflexiono, puedo pensar en nuevas oportunidades que no quiero olvidar. A pesar de intentar varias listas de cosas por hacer, mis listas de cosas útiles han sido las que he escrito o tipeado. Hay una satisfacción que obtengo al tachar tareas que no puedo conseguir con el botón de borrar".

2. Jim McCann

Jim es el autor de *Talk is (Not) Cheap: The Art of Conversation Leadership* y el fundador y CEO de 1-800-flowers.com, Inc.

"He estado usando listas durante la mayor parte de mi vida de negocios. Tuve un loco creador de listas como mentor en la casa de St. John's en Queens, Nueva York. Estar ocupado es fácil, pero ser efectivo es mucho más difícil. Usando el ejemplo de mi mentor, compré una libreta e imprimí 'cosas que tengo que hacer hoy' en ella. Actualmente, combino pads físicos y digitales. Mi lista está dividida en cuatro:

- *Cosas que debo hacer hoy*
- *Una lista general de cosas por hacer*
- *Una lista de proyectos*
- *Una lista de ideas a largo plazo. Estos son muy importantes para el crecimiento de la empresa.*

Antes de asignar mis apuntes a cualquiera de las listas anteriores, me hago una pregunta: `` ¿Debe hacerse hoy? La mayoría de estos apuntes son ideas útiles que encajan en la lista de ideas a largo plazo o en la lista de proyectos. Mi equipo evalúa estas listas de vez en cuando para determinar si las ideas son o no lo suficientemente buenas para su implementación. Reemplazamos las ideas que ya no son lo suficientemente buenas por otras nuevas. Con una lista de *tareas adecuada, puede convertirse en un mejor administrador de su tiempo".*

3. Jim Koch

Jim Koch es el fundador de la Boston Beer Company.

"Las tareas prioritarias de los diferentes equipos internos determinan mi día. Cada mañana, escribo un máximo de cinco objetivos obligatorios para ese día en una nota de Post-it. Este acto me mantiene concentrado por el día.

Si bien estos elementos no son necesariamente urgentes, son importantes. Una vez que empiezo mi día, me aseguro de que la lista siga siendo accesible para evitar postergarla. Sin embargo, tacho todos los artículos de la lista al final de cada día. Además, cada una de mis semanas comienza con un máximo de cinco correos electrónicos en mi bandeja de entrada. Para garantizar que los problemas o preguntas se resuelvan con bastante rapidez, respondo a los correos electrónicos casi inmediatamente después de recibirlos. Por lo tanto, responder a los correos electrónicos no afecta mi productividad durante mis descansos diarios.

Durante mi tiempo de descanso, apago mi Internet y paso ese tiempo en la ferretería más cercana. Incluso puedo recoger una herramienta que necesito en casa. Para cuando vuelva a mi escritorio, habré avanzado con mi anterior número o dilema".

4. Daymond John

Daymond es el fundador de la famosa línea de ropa, FUBU, y es el autor del *Power of Broke*.

"Tengo un conjunto de 10 objetivos. Las primeras siete metas son metas de 6 meses. El resto son metas a 5, 10 y 20 años. Ya que quiero que mis metas sean lo último en lo que pienso y sueño, me acostumbro a leer mis metas todas las mañanas y todas las noches.

Escribo las siete metas en un pedazo de papel. Aunque cada meta tiene una fecha de vencimiento, incluyo algunos detalles de cómo alcanzaré cada meta. Las primeras cinco metas son de salud, familia, negocios, relaciones y filantropía. Las siguientes dos son metas financieras personales y metas de proyectos de negocios. Cada meta está escrita en un lenguaje positivo. Por ejemplo, si mi meta es reducir mi peso a 170 libras para el 5 de julio, los pocos detalles serían comer pescado, beber ocho vasos de agua al día y hacer ejercicio dos veces al día. No incluirá evitar el alcohol, la carne y los alimentos fritos".

5. Yunha Kim

Yunha es la fundadora y directora ejecutiva de Simple Habit, una aplicación de meditación.

"Establecer límites de tiempo es uno de mis secretos del flujo de trabajo. A menudo tenemos listas interminables de cosas que hacer en una empresa como la nuestra. Por lo tanto, no es factible terminar una tarea de una sola vez".

13 inconvenientes de la gestión del tiempo de las personas de éxito

No es fácil manejar o maximizar su tiempo. Pero conociendo los consejos y trucos de las personas más exitosas de hoy en día, usted puede usar sus consejos o desarrollar sus estrategias de administración del tiempo. De esta forma, mejorará su productividad. Obtenga más información sobre diversos trucos poco convencionales para ahorrar tiempo a partir de los trucos de gestión del tiempo de algunas de las personas más exitosas del mundo.

1. Los correos electrónicos de los delegados de Sir Richard Branson

Sir Richard es el fundador del grupo Virgin. También es un magnate empresarial británico, inversor, autor y filántropo.

"Reviso los correos electrónicos de los lectores por la mañana. Paso algunos a los colegas, dicto los que tienen respuestas rápidas a mis asistentes. Pero escribo las respuestas más detalladas personalmente. Reviso mi correo electrónico en ráfagas para concentrarme en mis tareas actuales. Doy espacio a mis empleados en lugar de directivas. Me siento cómodo permitiéndoles asumir responsabilidades porque contraté a gente en la que confío".

2. Jack Dorsey crea temas cotidianos

Jack es el CEO y cofundador de los expertos en procesamiento de pagos de Square y de la compañía de medios sociales, Twitter. Dorsey dirige estas dos importantes empresas al mismo tiempo, dando cada día un tema. Dorsey pasa cada día de la semana para concentrarse en un área primaria en particular. Por ejemplo, los lunes pueden ser para el desarrollo de productos y los martes para funciones de gestión general. Los miércoles pueden ser días de búfer en los que usted responde a correos electrónicos y tareas de baja prioridad.

3. Mary Callahan Erdoes utiliza el calendario para la gestión diaria

"La mayor herramienta para gestionar el tiempo es la gestión del calendario. Concéntrate en controlar tu calendario. Haga una lista de lo que espera de los demás y de lo que los demás esperan de usted. Si no controla su calendario, terminará controlándolo a usted".

4. Barack Obama limita sus trajes

Barack Obama es el ex presidente de los Estados Unidos.

"Reduzco las decisiones usando sólo trajes azules o grises. Ya que tengo demasiadas decisiones que tomar, prefiero excluir la comida y no tomar decisiones, rebajando mis decisiones".

5. Jack Groetzinger rastrea su tiempo

Jack es el cofundador y CEO de SeatGeek.

"Tengo un tiempo estimado para cada una de mis tareas. Tengo un software que registra cuando comienzo y termino cada elemento de mi lista de tareas. Me esfuerzo por lograr una meta de eficiencia para cada día. Mi objetivo de eficiencia son los minutos reales divididos por los minutos esperados. Me divierto jugando con mi lista de cosas por hacer porque soy el dueño de todos los lugares en la clasificación".

6. Gary Vaynerchuk utiliza el tiempo de otras personas

Gary Vaynerchuk es entrenador de negocios y CEO de VaynerchukMedia.

"Escalo mi eficiencia en el tiempo usando a otras personas. Puedo concentrarme en mis prioridades personales y profesionales haciendo que otros hagan las tareas que se deben hacer. Una de mis asistentes trabaja a tiempo completo como mi entrenadora de salud. Él supervisa mi ejercicio y mi nutrición. El otro asistente me sigue y me filma. A medida que mi tiempo se vuelve más valioso, puedo contratar a un conductor de tiempo completo en lugar de esperar a que me lleven".

Consejo: Si no puede permitirse contratar asistentes a tiempo completo, puede contratar asistentes virtuales o subcontratar algunas de sus tareas.

7. Steve Ballmer crea un presupuesto de tiempo

Steve es el ex-CEO de Microsoft. Steve tiene una hoja de cálculo a la que pueden acceder sus ayudantes y en la que presupuesta tiempo para quienes necesitan hablar con él o reunirse con él. Por lo tanto, administra su tiempo dedicando la mayor parte de su tiempo a cosas importantes.

8. Adora Cheung es muy estricta con las reuniones.

Adora Cheung es la directora ejecutiva de Homejoy, una plataforma en línea que conecta a los clientes con los proveedores de servicios en el hogar. Adora envía un documento de Google Doc a los participantes potenciales de la reunión. Estos participantes anotan el orden del día de la reunión. Después de priorizar los temas, Adora no discute ningún plan que no esté en la lista.

9. Tony Hsieh usa Yesterbox

Tony Hsieh es el CEO de la famosa línea de zapatos y ropa, Zappos. Tony recomienda responder hoy a los correos electrónicos de ayer. Por lo tanto, los correos electrónicos de hoy no desordenarán su atención durante el día. Él llama a esta técnica "Yesterbox". Una aplicación capaz que puede ayudarle a alcanzar la bandeja de entrada cero se llama bumerán. Le ayuda a prestar la atención adecuada a los correos electrónicos específicos reenviando esos correos electrónicos a su bandeja de entrada como correos electrónicos nuevos en el momento especificado.

10. Arianna Huffington come fuera de su escritorio

Arianna Huffington es autora de 15 libros, fundadora del *Huffington Post* y fundadora y directora ejecutiva de Thrive

Global. Ella recomienda *no* trabajar mientras se toman descansos para comer durante el día. *"Lleve a un colega y almuerce en una mesa lejos de su escritorio o vaya a una cafetería. Esto no debería llevar más de 20 minutos. Hacer esto recarga más que comer mientras se trabaja, que es lo que muchos de nosotros hacemos. Puede ser la diferencia entre tener un final productivo o improductivo del día".*

11. Mark Cuban utiliza el correo electrónico para la mayoría de las interacciones

Mark Cuban es un inversionista y empresario estadounidense. Es copropietario de 2929 Entertainment, dueño de los Dallas Mavericks (un equipo de baloncesto americano), y es inversor en "Shark Tank". En lugar de perder el tiempo en largas reuniones o en largas llamadas telefónicas, Mark Cuban utiliza el correo electrónico para la mayoría de las conversaciones y se vuelve más productivo. *"El correo electrónico me ahorra horas todos los días. Sin llamadas telefónicas, sin reuniones, y yo establezco mi horario. A menos que esté recibiendo un cheque, todo lo demás es correo electrónico. Me encanta, y vivo de ella."*

12. Jeff Bezos usa la "Regla de las Dos Pizzas"

Jeff es el fundador, CEO y presidente de Amazon.com. También es inversor y donante de fondos de caridad. En lugar de perder el tiempo en reuniones, Bezos maximiza su tiempo al no asistir a grandes reuniones. Para él, una reunión es grande si dos pizzas no pueden alimentar a los participantes en las reuniones.

13. Nick Huzar aprovecha los domingos

Nick es el CEO y cofundador de OfferUp, que conecta a compradores y vendedores locales. *"Planifica tu trabajo y apégate al plan. Me aseguro de crear un período tranquilo para mí los* domingos. Durante este período, examino cada departamento de OfferUp para determinar las prioridades del equipo. Luego, durante la semana, apoyo a cada equipo para implementar estas prioridades. Además, me encantan las rutinas. Con las rutinas, puedo eliminar las excusas. Por ejemplo, lo primero que hago todas las noches es empacar para el gimnasio del día siguiente".

10 rutinas Matutinas de Emprendedores Innovadores

Comenzar bien el día es la clave de los días superproductivos. Sus acciones al comienzo del día determinarán si logrará resultados extraordinarios o mediocres. He aquí cómo diez empresarios altamente exitosos maximizan sus días desde el momento en que se levantan de la cama.

1. Crear una lista de tareas la noche anterior

"En días alternos, hago ejercicio durante una hora y corro hasta la oficina. Mientras estoy en la oficina, reviso mi lista de cosas por hacer de la noche anterior. Así, puedo identificar mis tareas más importantes y terminarlas antes que nada". - Barbara Corcoran, fundadora del Grupo Corcoran.

2. Empieza el día con la máxima energía

"Al levantarme temprano y jugar al baloncesto, empiezo con la energía y claridad adecuadas. Después de ducharme, tomo un desayuno de 3 huevos, lo que me llena de satisfacción y agudiza mi concentración. Luego, procedo a lograr una bandeja de entrada cero. Ayudo a mi equipo con cualquier desafío que se les presente. Por lo tanto, tengo una idea de mis retos para el día de hoy. Reflexiono en mi lista de tareas del día y las afronto de frente". - Tim Draper, socio fundador de DFJ - una legendaria firma de capital riesgo.

3. Elija una rutina que se ajuste a su tipo de personalidad

"Su tipo de personalidad puede ser emocional, social, de acción o práctico. Si usted es del tipo emocional, es sensible y puede ser introvertido. Por lo tanto, su rutina implicará mucho tiempo de tranquilidad e introspección. Si usted es del tipo social, su rutina diaria estará basada en las personas. Por ejemplo, le encantará hacer ejercicio en el gimnasio en presencia de al menos cinco personas. Si usted es el tipo de personalidad de acción, le encantará una rutina matutina de variedad. Le encantará comenzar el día con una combinación de jogging, jiujitsu, o leer varios libros, especialmente libros fuera de su industria. Las personas de tipo práctico aman una rutina diaria bien estructurada. El aspecto más importante de cualquier rutina es seguir su plan. Todos tendemos a tener una rutina matutina hasta que la vida sucede. Así que usa tu tipo de personalidad para determinar tu rutina matutina más efectiva". - Tai López, inversionista y asesor de muchos negocios multimillonarios con un imperio en línea de ocho cifras.

4. Afine su cerebro

"Como sé que mi día será ajetreado y probablemente impredecible, empiezo el día nadando en la piscina. Luego, mientras tomo una taza de café, juego el crucigrama en el Los Angeles Times; esto raramente excede los 20 minutos. Luego, entro en mi oficina para empezar a trabajar." - Mark Sisson. Mark Sisson es el editor de marksdailyapple.com (un paleo blog), el autor más vendido del Nuevo Planeta Primario y el fundador del Planeta Primario.

5. Use la nutrición para encender su cerebro

"Bebo una onza de agua que contiene un mineral limpiador. Yo enjuago mi sistema bebiendo un cuarto de galón de agua purificada estructurada. Luego, despierto cada músculo con un hervidor de agua de 45 libras y 20 minutos de ropa turca.

Proporciono a mi cerebro el último nutriente cerebral al tomar tres mililitros de fitoplancton marino vivo. Después de la ducha, utilizo 30 sprays de magnesio para aliviar mi abdomen antes de tomar un suplemento para reparar mis células. Como dos huevos de gallina orgánicos fertilizados en la granja y tres tipos diferentes de fruta para mi desayuno. Por último, me tomo una taza de batido verde". - Ian Clark. Ian es el fundador y CEO de Activation Products.

6. Ponga en marcha su metabolismo

"Después de levantarme de la cama a las 5:30 a.m., tomo 20 onzas de agua para poner mi metabolismo en acción. Escribo mi lista de gratitud por la mañana. Luego, determino mis dos prioridades principales para el día. Estas prioridades deben moverme en la dirección de mis metas antes de que pueda decir que mi día es increíble". - Jon Braddock, fundador y CEO de My Life & Wishes.

7. Verbalizar la intención de tu día

"Dedico unos minutos a mostrar gratitud por la salud y el cuerpo antes de levantarme de la cama. Entonces, expreso mi intención para el día. Al establecer las intenciones de mis metas, tomo un vaso de agua, enciendo algunas velas y sueño despierto. Reviso mis emails por si hay mensajes importantes antes de pasar al modo de trabajo". - Elle Russ, entrenadora y autora de los libros más vendidos de Paleo Thyroid Solution.

8. Empiece temprano

"Me levanto a las 4:15 a.m. y paso 15 minutos de gratitud. A las 5 de la mañana, estoy en el gimnasio para tener una sesión de musculación con un entrenador personal hasta las 6 de la mañana. Entre las 6:30 y las 7:00 de la mañana, medito y me imagino cómo lograr mis metas y sueños. Paso 30 minutos (de 7:15 a.m. a 7:45 a.m.) con mi familia antes de empezar a trabajar a las 8 a.m.". - Adele McLay, autora, conferencista y consultora de crecimiento de negocios.

9. Empieza con la meditación

"Después de la meditación, utilizo mi diario de cinco minutos antes de hacer ejercicio y bebo un batido de proteínas. Entonces, ayudo a otros a mi manera. Ya sea haciendo una introducción importante, enviando una nota de agradecimiento por escrito o publicando un #ploughshare en línea. Paso algún tiempo escribiendo o dibujando imágenes. Por último, doy un paso importante para lograr mi objetivo". - Chris Plough, empresario en serie y asesor de empresarios.

10. Bloquear los momentos de soledad

"Siendo padre de niños pequeños, empresario y médico, mis días pueden volverse muy desordenados sin una planificación adecuada. Después de levantarme a las 6:30 de la mañana, paso un mínimo de 30 minutos en completa y tranquila soledad antes de tomar una taza de café. Para entrar en el estado mental correcto, oro, leo algunos materiales educativos, reviso mis metas para ese día y practico la meditación consciente. Me comprometo fuertemente en un estado mental de pensamiento positivo para fomentar un inmenso poder en mi mente. Cuando no estoy en ayuno intermitente, mi desayuno suele ser ligero y consiste en unos cuantos suplementos nutricionales dependiendo de los resultados de mis análisis de sangre actuales. Entonces, maximizo el día trabajando con celo y energía". - Dr. Nick Zurowski, fundador del Centro de Salud NuVision.

Le animo a que utilice cualquiera de estas rutinas matutinas tal y como son o, lo que es más importante, que las modifique para que se adapten a su estilo de vida y así pueda disfrutar de mañanas más productivas y creativas.

Capítulo 7 - Recuperar el control del futuro

15 hábitos efectivos de gestión del tiempo

Si hubiera leído hasta aquí, ya habría identificado algunos hábitos de gestión del tiempo. Algunos fueron discutidos en el capítulo anterior como ejemplos de maestros de negocios, personas exitosas y empresarios innovadores. Otros han sido discutidos en capítulos anteriores. Por lo tanto, no se repetirán en este capítulo. En su lugar, descubrirá más consejos probados sobre la gestión del tiempo que podrá incorporar a su vida diaria.

1. Aprenda a leer con rapidez

Si bien no puede evitar que le arrojen toda la información, puede clasificarla y repasarla a su ritmo y a su debido tiempo. Aprender a leer con rapidez es una de las habilidades más importantes que puede desarrollar. ¿Ha tomado alguna vez un curso de lectura rápida? Si no, inscríbase ahora. Con las nuevas tecnologías ahora disponibles, usted puede leer hasta 1.000 palabras por minuto y comprender la mayor parte de lo que ha leído.

2. Agrupe sus lecturas

Imprima y archive información importante, resúmenes u objetos de valor. Alternativamente, puede compaginarlos en un archivo separado en su ordenador y leerlos más tarde. En lugar de perder el enfoque en su tarea actual, puede archivar esa información y leerla más tarde. Una vez que esto se convierta en un hábito, se sorprenderá de lo mucho que puede dar y de lo mucho que lee. Ya sea que esté leyendo la versión en papel o la versión electrónica de sus periódicos, lea lo que es relevante para usted.

Cuando esté leyendo las noticias, tenga en cuenta que la mayor parte de la información siempre está en el titular y en el primer párrafo. La mayoría de las veces, rara vez es necesario leer los detalles restantes para entender la historia en su totalidad.

3. Sólo lea lo que es importante y relevante

El diseño de todas las revistas y periódicos es hacer que usted lea cada página de la revista o periódico. La razón es para que usted vea todos los anuncios en revistas o periódicos. Por lo tanto, usted debe leer lo que es importante sólo para usted. Después de revisar la tabla de contenidos, diríjase a la información que es relevante para su vida y su trabajo. La técnica "rip and read" es una técnica excepcional para los materiales impresos. Arranque y archive los artículos que desea leer. Luego, lleve el archivo con usted para leerlo durante los tiempos de espera. Del mismo modo, lea las reseñas de los libros antes de dedicar tiempo a leer el libro completo. Usted puede obtener la esencia principal del libro leyendo la reseña del libro. En lugar de recorrer la web para leer reseñas, es más conveniente suscribirse a los servicios de reseñas de libros.

4. Organice su entorno de trabajo

Para muchas personas, creen que un ambiente de trabajo y un escritorio desordenados ayuda a su eficiencia de trabajo. Sin embargo, varias investigaciones han demostrado que cuando la gente trabaja en un ambiente limpio y ordenado y se concentra en una sola tarea, su productividad casi se triplica instantáneamente. Las personas con un ambiente de trabajo desordenado pasan mucho tiempo buscando los materiales que necesitan para trabajar eficazmente. Psicológicamente, un ambiente de trabajo desordenado afirma su creencia de que carece de organización. Por lo tanto, usted está continuamente distraído por todos los artículos que está viendo.

5. Maximice sus mañanas

Ponga su reloj despertador un par de horas antes de lo normal cuando tenga fechas límite que cumplir y proyectos que completar. He encontrado que esto es más efectivo que tratar de trabajar extra en la noche cuando estás demasiado cansado para concentrarte. Usted puede obtener algo de tiempo dedicado yendo a la cama una hora antes de su hora habitual. En las primeras horas de la mañana, su mente está alerta, usted está fresco, la casa está tranquila, y usted está en la productividad máxima. Pase esta hora extra en un elemento de su lista de tareas. Media hora más temprano en el día son 23 días adicionales durante el año. Esto es tan bueno como ganar tiempo. ¡Imagine eso!

6. Haga un mapa de sus comidas semanales

Considere sus horarios, ocasiones especiales y artículos en la lista de compras para planear su comida para la semana. Recuerde revisar la despensa para asegurarse de que todos los ingredientes para los artículos de su lista de compras estén completamente disponibles. Además, vaya al supermercado con un plan adecuado, no debe haber compra por impulso. Cuando usted se acostumbra a planear su comida una vez a la semana, no perderá el tiempo pensando en qué comer. Un beneficio adicional es que usted come más saludablemente.

Usted puede aplicar el plan de comidas semanal a otros aspectos de su vida. Por ejemplo, elija un día para planear la ropa que va a usar durante la semana. Luego, asegúrese de lavarlas y prepararlas para su uso.

7. Estar en el presente

Abandone todo su equipaje del día anterior en el pasado. No permita que los fracasos, las vergüenzas, las pérdidas, las decepciones y los errores del día anterior afecten la alegría que probablemente experimentará hoy. Comience su día esperando experimentar un día de construcción de relaciones, satisfacción y éxito. Maximice su tiempo para disfrutar del mejor rendimiento en cada día de su vida.

8. Establezca reglas para su tiempo

Establezca reglas para su tiempo al crear su horario. Apague su teléfono celular durante el tiempo de espera, por ejemplo, durante el desayuno. Reservar bloques de tiempo que no estarán disponibles para las personas y los dispositivos.

9. Audite su tiempo

Evalúe sus hábitos actuales de gasto de tiempo durante los próximos siete días. Registre sus actividades en un diario o en su teléfono. Divida sus actividades en bloques de una hora. Luego, conteste las siguientes preguntas:

- ¿Qué logró?
- ¿Fue una completa pérdida de tiempo?
- ¿Pasó el tiempo a su satisfacción?

Use la matriz de prioridades discutida en el capítulo cuatro para registrar sus actividades en el cuadrante apropiado. Sume los números después de siete días. Entonces, ¿qué cuadrante pasaste la mayor parte del tiempo? No se sorprenda por su respuesta.

10. Elimine sus malos hábitos

Los malos hábitos son uno de nuestros mayores derrochadores de tiempo. Esos malos hábitos eliminan nuestro precioso poco tiempo. Por lo tanto, si usted es serio acerca de lograr grandes metas en su vida, y pasa su tiempo sabiamente, asegúrese de eliminar esos malos hábitos. Ejemplos de hábitos de pérdida de tiempo incluyen salir a beber con los amigos con frecuencia, jugar juegos, navegar excesivamente en los medios de comunicación social, y mirar en atracones de Netflix.

11.   Encuentre un mentor

Cuando usted no tiene a nadie que lo guíe, puede distraerse y sentirse rápidamente desmotivado. Pero es más fácil mantenerse al día con su tiempo cuando puede confiar personalmente en alguien que ha pasado por el mismo proceso. Por lo tanto, esa persona puede ayudarlo a alcanzar sus metas rápidamente.

12.   No espere la inspiración

Usted está perdiendo el tiempo esperando para comenzar un proyecto. Ya que no hay un momento perfecto para hacer nada, deseche las excusas que le impiden comenzar. Aunque no estoy sugiriendo que sea impaciente, debe identificar lo que pretende lograr y tomar medidas inmediatas para lograrlo.

13.   Participar en pasatiempos

Los pasatiempos se involucran en partes de su cerebro que no usa para trabajar. Así, usted se vuelve más creativo y puede resolver problemas con facilidad. Usted puede alcanzar el éxito si pasa algún tiempo fuera de su zona de comodidad. Si usted es un desarrollador de software, salga y socialice. Si usted es pianista, practica artes marciales. Si es abogado, aprende a bailar.

14.   Disfrute su tiempo

No se obsesione por marcar todas las tareas de su lista de tareas. Equilibre su trabajo y su vida para disfrutar de su día. No vale la pena completar una carga de trabajo sobredimensionada un día sólo para tener un día improductivo y quemado al día siguiente. Trabaje a su mejor ritmo. Cuando usted se apresura a realizar tareas, se estresa y produce un trabajo deficiente.

15.   Meditar

Unos minutos de meditación pueden mejorar su concentración y calma. De esta manera, su trabajo se vuelve más eficiente y su contribución es más significativa. Además, la meditación devuelve la mente al presente para ayudarlo a evitar varias distracciones. Cuando su mente está en el presente, puede lograr mucho más en poco tiempo. La meditación mejora su conciencia. Por lo tanto, rara vez cometemos errores en el trabajo, y usted ahorra el tiempo que se supone que debe usar para corregir sus errores. La meditación también puede fortalecer su intuición. Una fuerte intuición mejora su capacidad de toma de decisiones y, en consecuencia, le ahorra tiempo.

Vencer al perfeccionismo de una vez por todas

Aunque nuestro mundo actual espera que seamos perfectos en todo momento, esto no significa que el perfeccionismo sea el camino hacia una vida exitosa. Como un trastorno obsesivo-compulsivo, su deseo de perfección puede arruinarlo. Y como hace que pierda la perspectiva a medida que se introduce más en ella, entorpece a los que lo rodean. Ya que ninguno de nosotros puede llegar a ser perfecto, sólo se estará volviendo loco, tratando de alcanzar una meta difícil de alcanzar. El perfeccionismo puede llevar a la depresión. Una investigación de Sydney Blatt, psicóloga de la Universidad de Yale, demostró que los perfeccionistas tienen más probabilidades de suicidarse que la gente común.

Para evitar la trampa perfeccionista, implemente estos siete pasos probados:

1. La práctica fracasa

Hacer ejercicios donde es probable que falle es una de las maneras más efectivas de derrotar al perfeccionismo. Por lo tanto, aprenda una nueva habilidad que requiere muchas caídas y vergüenza. Le enseñará que la tolerancia al fracaso, la autocompasión y la paciencia son parte de la curva de aprendizaje.

Por ejemplo, me uní a un grupo de remeros de carreras a pesar de haber estado en una tabla de paddleboard sólo un par de veces. Este grupo consiste en personas que reman por lo menos 21 millas en el océano y realizan esos giros de 360 grados en sus tablas. Pasé la mayor parte de la noche en el agua y no en ella, pero ahora me siento más cómodo con el fracaso. Me doy cuenta de que el mundo no se acabará porque soy la peor persona de un grupo de atletas. Haré todo lo posible para traducir esta lección a otras áreas de mi vida, donde estoy ansioso o deprimido debido al perfeccionismo.

2. Diferenciar entre metas y sueños

Como es muy probable que no ocurran, las grandes ideas suelen crear mucha angustia. Por ejemplo, uno de mis amigos solía soñar con jugar al baloncesto profesional. No hay nada malo en tener un sueño, ¿verdad? Pero empezó a tener problemas de comportamiento porque fue colocado en el equipo C de su equipo de baloncesto. Cuando se porta bien, practicará sus lanzamientos y mejorará sus técnicas durante horas diarias. Pero siempre juega mal en los partidos porque se presionaba demasiado a sí mismo. Cuando siento que mis expectativas pesaban demasiado en mí, normalmente escribo mis metas en un pedazo de papel. Entonces, tacharé las que son realistas. Pero voy a retocar a los tontos para evitar ponerme bajo una presión indebida.

3. Ser un buen trabajador

A menudo se dice que la gente inteligente toma atajos. Sin embargo, saber qué atajos cortar es el arte de ser una estrella. Por lo tanto, la salida es analizar su meta con toda honestidad críticamente. Luego, identifique cualquier perfeccionismo en el plan para cada propósito. La mayoría de las veces, nos escondemos bajo el perfeccionismo para evitar tomar acciones para lograr nuestras metas reales. La verdad es que se necesita un plan adecuado, trabajo duro y un poco de suerte para lograr cualquier intención real. Pero la mayoría de los perfeccionistas no están de acuerdo en que la suerte está involucrada en alcanzar cualquier meta.

4. Manténgase a raya

Manténgase a raya cuando sus dudas sean más reales, o cuando empiece a tener razones para creer a su crítico interior. Use estas preguntas para darse una idea de la realidad:

- ¿Están mis pensamientos basados en hechos, o son producto de mi imaginación?
- ¿Por qué estoy haciendo veredictos desfavorables?
- ¿Es la situación tan mala como la imagino?
- ¿Qué es lo peor que puede pasar? ¿Es probable que suceda?
- ¿Será esto importante en los próximos cinco años? ¿Será esto un problema en momentos vitales de mi vida? Ejemplos de momentos esenciales incluyen el parto, el traslado a otra ciudad o el traslado al extranjero.

Para cuando termino de contestar estas preguntas, a menudo me doy cuenta de que sólo estaba tratando de validar varias falsedades en mi cabeza. A veces, incluso me olvidaba de cómo llegué a este estado aterrador en primer lugar. Además de tranquilizar nuestra autoestima, esta prueba de realidad también hace que seamos menos dependientes de los demás para los cumplidos afirmativos.

5. Sea amable con usted mismo

Como perfeccionista, a menudo críticas a los demás. Es un hecho probado que esta crítica es un mecanismo de defensa. Te hace escoger los defectos de los demás en lugar de aceptar esos defectos en ti mismo o aceptar que ningún ser humano es perfecto. Cuanto más identifique sus debilidades, más las buscará en los que lo rodean. Hace esto porque ha creado una imagen ideal de la persona y la vida perfecta, pero no puede separar esta versión idealizada de la realidad. Una manera simple y efectiva de reducir este hábito significativamente es ser amable con uno mismo. Cuando le gusta su yo "imperfecto ", es mucho menos probable que sea la persona irritable que analiza críticamente a los demás.

Así que, intente decir una cosa que le guste de usted cada mañana. Puede ser algo sobre su cara o un poema sobre usted. Cada vez que sienta que necesita un estímulo durante el día, repita esta afirmación. Tenga en cuenta que nada le impide utilizar la misma declaración todos los días o tener siete afirmaciones diarias. Así, sólo se repite una afirmación cada siete días. En lugar de vivir una vida implacable, encerrada y de corazón duro, empieza a ser amable con usted mismo.

6. Rechazar el miedo

¿Tiene miedo de...?

- La elección de un socio,
- Tomar una decisión de vida equivocada o
- ¿Empezar un nuevo proyecto?

Si es así, entonces, usted está exhibiendo algunos de los rasgos de un perfeccionista. Todos los factores anteriores tienen un tema común: el miedo al fracaso. Por lo tanto, dependemos de otros para que nos guíen y tomen nuestras decisiones por nosotros. Pero negarse a permitir que el miedo dicte sus movimientos o su elección es una de las mejores maneras de combatir tal comportamiento.

Una manera de desarrollar el hábito de prevenir el miedo a conducir es automatizar el inicio de la secuencia. Por ejemplo, un jugador de baloncesto está listo para levantarse y disparar como lo ha hecho cien veces al día durante la práctica, llegando a la línea de tiro libre, tocando sus calcetines, shorts, recibiendo la pelota y haciéndola rebotar exactamente tres veces.

Del mismo modo, un golfista profesional puede estar charlando con el encargado del marcador, un oficial amistoso, su compañero de juego o su caddie mientras camina por el fairway. Pero en el momento en que se pone detrás del balón y respira hondo, se dice a sí mismo una sola cosa: concéntrate.

En cada uno de estos ejemplos, los atletas pudieron reemplazar la duda y el miedo con comodidad y rutina. Podrían hacerlo porque han aprendido a automatizar el inicio de su secuencia. En lugar de fingir que no estoy de humor porque tengo miedo de empezar, empiezo con el paso más pequeño hacia la meta.

7. Esté orgulloso de sus logros

Cuando éramos jóvenes, esbozamos en qué nos proponemos convertirnos en el futuro. Sin embargo, la mayoría de nosotros nunca llegamos a ser lo que hemos dibujado. En lugar de ser un astronauta o ingeniero petroquímico, usted es probablemente un barista que apenas pasa tiempo con sus seres queridos porque trabaja durante largos períodos. Como perfeccionista, tiene que aceptar ese hecho. Deje de compararse con otros que piensan que no ha logrado lo suficiente o es posible que nunca consiga nada. En su lugar, esté cómodo en su piel y esté orgulloso de sus logros.

Cree una lista de sus logros en la última semana, mes o año. Incluso las cosas simples cuentan. El libro que terminó, ese pequeño proyecto que completó con su equipo o el mantenimiento de una casa limpia. Estos son sus logros sin ser el neurocirujano que imaginaba cuando usted tenía cinco años.

Como cualquier cambio, la confianza y el autoexamen son algunos de los requisitos para dominar cualquier tendencia perfeccionista. Pero si se encuentra con desafíos en el camino y parece que no estás avanzando, no se castigue ni se lo tome en serio. Encuentre los medios para tener éxito y disfrute del proceso. Tenga en cuenta que usted es el único responsable de su éxito o fracaso. Así que, no se rinda.

Herramientas y técnicas para recuperar el tiempo para siempre

Nunca había escuchado alguna o todas estas frases:

- Los correos electrónicos que inundan mi bandeja de entrada me están haciendo perder la concentración.
- Déjame ver mi feed en los medios sociales. ¡No tardará 5 minutos!

Si usted ha escuchado alguna de estas frases, entonces, usted sabe que la persona carece de un manejo adecuado del tiempo. La gestión del tiempo implica la organización de tareas y la asignación de tiempo a actividades específicas (profesionales o personales).

Antes de profundizar en estas herramientas y técnicas, recuerde que las tareas, el tiempo, las personas y la información son las cuatro áreas clave para cualquier sistema de gestión del tiempo que tenga éxito. Por lo tanto, usted debe tener cualquiera de estas cuatro herramientas esenciales:

- **Cuaderno de notas**

Un buen cuaderno es el que con más frecuencia falta también en los sistemas de gestión del tiempo de las personas. Sí, es bueno tener un montón de post-its o un bloc de papel en su escritorio. Pero debería guardar todas sus notas en un solo lugar. Por lo tanto, cuando necesite recuperar cualquier información, puede ir a ese lugar.

- **Libreta de direcciones**

La mayoría de la gente no ve el valor de una buena libreta de direcciones porque ahora vivimos en un mundo superconectado. Sin embargo, cuando necesite conectarse con un contacto valioso, LinkedIn, Instagram, Facebook o Twitter pueden decepcionarlo. Su mejor opción es guardar todos los números de teléfono y direcciones de correo electrónico de los contactos en un lugar seguro y tratarlos como si fueran de oro.

- **Calendario**

Si no sabes cómo y dónde pasar tiempo, sería difícil manejarlo. Es más fácil para usted programar, planificar y hacer un seguimiento de su tiempo con un buen calendario. No sólo puede hacer un seguimiento de la hora de sus reuniones, sino que también puede hacer un seguimiento de la hora de sus tareas y proyectos.

- **Lista de cosas por hacer**

Una buena lista de tareas es la piedra angular de cualquier sistema de productividad. Esta herramienta de gestión única debería completar su arsenal de herramientas. Sin embargo, no olvide releer las razones comunes por las que las listas de tareas fallan en el Capítulo 3 de este libro.

Por lo tanto, usted puede evitar cometer esos errores con su lista de cosas por hacer. Por último, su lista de cosas por hacer debe estar con usted todo el tiempo. Revise su kit de herramientas de administración del tiempo para asegurarse de que tiene las cuatro herramientas esenciales de administración del tiempo.

Cuando usted puede planear y realizar sus rutinas diarias dentro de los marcos de tiempo especificados, entonces, usted es un buen administrador del tiempo. De esta manera, usted puede llevar a cabo sus actividades con un compromiso más significativo. Afortunadamente, la tecnología ha hecho posible optimizar cada minuto del día. En esta sección, descubrirá siete herramientas y técnicas que utilizo, y estoy convencido de que mejorarán sus habilidades de gestión del tiempo y su productividad.

1. Un sistema de gestión del tiempo

Una correcta organización de sus tareas diarias es uno de los pasos que puede dar para mejorar su productividad y no apestar en la gestión del tiempo. En cualquier proceso de autoorganización, la creación de listas de tareas es un paso esencial. Es posible que tenga que probar algunos métodos de la lista de cosas por hacer para descubrir cuál es el más adecuado para usted. Su lista de cosas por hacer podría ser una versión electrónica elegante en su dispositivo móvil u ordenador. Pero se puede hacer con papel y lápiz a la antigua, que se marca después de completar cada tarea.

Una visión general de cada actividad significativa es su primer paso cuando tiene proyectos de alto nivel. A continuación, puede dividirlos en tareas específicas y organizarlos en el orden en que deben realizarse. No olvide añadir fechas límite a cada tarea.

Estos son tres ejemplos de sistemas que puede utilizar

- **The Now Habit por Neil Fiore.** Este sistema le enseña a usar un orden inverso para construir su lista de tareas. Llene su calendario con tiempo libre realista, actividades comprometidas y tareas programadas. A continuación, utilice diferentes estilos de vida y reglas de programación para asignar sus tareas a los tiempos restantes.
- **La versión final de Mark Forster.** De la lista de tareas, usted ha escrito para el día, lo ha repasado e identificado la tarea más importante. Complete esa tarea, luego, identifique la siguiente tarea más importante. Complete y repita el proceso hasta que culmine toda la tarea para ese día.
- **Getting Things Done por David Allen.** Realice una descarga cerebral de sus tareas en papel. Luego, reordénelos en orden de importancia. A continuación, fije una fecha límite para la finalización y póngase a trabajar. Revise sus planes de ejecución periódicamente y, cuando sea necesario, haga ajustes.

2. Lista de palabras clave

Con Wunderlist, puede crear listas de tareas, organizarlas en carpetas y configurar recordatorios para que le avisen cuando la fecha límite esté próxima. Wunderlist tiene una interfaz de usuario encantadora, y todas sus características funcionan eficazmente en todos los dispositivos (teléfono móvil, tableta u ordenador).

3. Remember the milk

El plan gratuito le permite crear tareas y sincronizarlas en cualquier plataforma, incluyendo sus correos electrónicos. De este modo, puede acceder a sus tareas en cualquier momento.

Perfecto para gestionar tareas personales, Remember The Milk está disponible para Android e iOS.

4. RescueTime

¿Siempre siente que el tiempo pasa muy rápido y que es casi imposible para usted completar sus actividades diarias? Entonces, la aplicación RescueTime es su mejor opción. Con él, puede realizar un seguimiento de sus tareas en línea. Mida su progreso y descubra el tiempo que pasa postergando.

5. Todoist o Trello

Todoist es una aplicación basada en la nube y una aplicación móvil. Puede acceder a sus tareas Todoist en múltiples sistemas operativos e incluso compartir sus tareas con otros colegas. Además, muestra los plazos de entrega. Usted puede jugar fácilmente con las características porque tiene un diseño intuitivo. Primero, escriba su proyecto, luego divídalo en tareas específicas y adjunte una fecha límite a cada una de ellas. Ahora, asigne un nivel de prioridad a cada tarea (hay cuatro niveles de prioridad). Puede mover las tareas para que se adapten a su tiempo disponible.

Si tiene un equipo pequeño, puede utilizar Trello para visualizar los proyectos de su equipo. Dentro de Trello, puede asignar tareas a cada miembro del equipo, crear juntas que representen proyectos y crear varias listas dentro de cada junta. Hay una serie de tarjetas para cada lista. Las cartas representan tareas. Por ejemplo, puede crear una pizarra para un proyecto específico, dividir la pizarra en listas (las etapas del proyecto) y, a continuación, organizar las tareas de cada individuo en una serie de tarjetas.

6. Pausas de relajación

Usted debe tomar tiempo de su trabajo; esto aumentará su productividad. Después de un período de concentración sostenida, su cuerpo necesita una liberación, y su mente necesita un tiempo muerto. A veces, desarrollas ideas frescas a partir de tu tiempo muerto. La mejor manera de ayudar en este proceso es caminar 5 minutos desde su lugar de trabajo. Si usted no toma descansos intencionalmente, su mente lo hará por usted vagando cuando esté cansado.

Utilice la aplicación FocusMe para establecer pausas obligatorias o recordatorios de pausas.

7. Técnica de gestión de procesos

Cuando usted tiene tareas personales o tareas de negocios, entonces, las herramientas y técnicas de administración del tiempo discutidas anteriormente son excelentes. Sin embargo, cuando su negocio crece, y usted necesita manejar procesos masivos o tiempo de equipo, entonces, la técnica de administración de procesos es un sistema más efectivo. Esta técnica traza el mapa de las operaciones primarias de una empresa y establece plazos para cada tarea. Además, añada una configuración de alertas que sirve como base de priorización. Así es como funciona la configuración de alertas para una tarea de reserva de pasajes aéreos:

- La persona a cargo recibe un correo electrónico cuando usted alcanza el 50% del plazo de la tarea.
- Verá un indicador visual rojo cuando llegue al 70% de la fecha límite de la tarea.
- Al 80% de la fecha límite de la tarea, la persona a cargo recibe un nuevo mensaje.

8. Evernote

Esta herramienta gratuita de productividad le permite organizar sus imágenes, pensamientos e ideas en varios formatos (audio, texto o imágenes). También puede grabar sus discursos, entrevistas y reuniones. Incluso puede compartir sus archivos adjuntos de voz o texto con sus amigos. Optimiza su tiempo sincronizando la aplicación Remember The Milk con Evernote. Podría decirse que una de las características más útiles y populares de Evernote es su cortadora de web. Esto es similar a los marcadores de los navegadores web. Web Clipper le permite "recortar" párrafos de texto, imágenes o páginas web enteras a Evernote. Los elementos recortados pueden organizarse, almacenarse y buscarse como notas normales. Incluso puede añadir anotaciones a los elementos "recortados" en Evernote. Usted puede vincular Evernote con Gmail, Outlook, Google Drive, equipos de Microsoft, Salesforce, Slack y la mayoría de las otras aplicaciones en su dispositivo móvil o PC.

9. MyLifeOrganized (MLO)

Si usted tiene dificultad para organizar sus objetivos, trabajar con su lista de tareas o gestionar todas sus tareas, esta aplicación es su mejor opción. Esta herramienta de productividad le ayuda a centrarse en los pasos reales para lograr sus objetivos. Considera las prioridades establecidas (urgencia, importancia, fecha de inicio y plazos de finalización) para identificar automáticamente la primera tarea.

Conclusión

Usted puede convertirse en un maestro del tiempo cuando practique las técnicas y utilice las herramientas recomendadas en este libro. Recupere su tiempo del trabajo ocupado, tenga más horas para pasar con sus seres queridos y mejore su vida personal. La razón principal por la que hemos mejorado nuestras habilidades de gestión del tiempo es para aumentar nuestra experiencia de placer, felicidad y la calidad general de nuestras vidas. Tres cosas determinan en gran medida la calidad de su vida:

- Vida interior
- Salud
- Relaciones

- **La vida interior** implica sentirse bien con su personalidad y carácter, quererse y llevarse bien con usted mismo. Se necesita tiempo y reflexión para mejorar su vida interior.
- **Salud.** Ningún nivel de éxito vale la pena tener una mala salud. La mayoría de las veces, el mejor uso de su tiempo implica irse a dormir temprano y tener una buena noche de sueño. Además, tómese un tiempo para descansar adecuadamente, hacer ejercicio regularmente y comer los alimentos adecuados.
- **Relaciones.** Haga tiempo para sus seres queridos. Las personas más influyentes en tu vida son las que te importan y las que se preocupan por ti. Por lo tanto, no se deje atrapar en tantas cosas a expensas de las relaciones

vitales con sus seres queridos. Una vida equilibrada es una gran vida. Usted encontrará mayor satisfacción y alegría al mejorar la calidad de su vida. Permítanme dejarles con las palabras de un viejo y sabio doctor. "Habiendo hablado con mucha gente cuando están a punto de morir, ningún hombre de negocios en su lecho de muerte deseaba pasar más tiempo en su oficina."

Usted acaba de aprender pasos y estrategias probadas para administrar su tiempo de manera eficiente y efectiva. Esto significa que ahora puede mejorar su productividad y alcanzar sus objetivos. Aun así, guardar toda esta información en su cabeza no le servirá de nada si no la aplica. Por lo tanto, le animo a que vuelva al capítulo 1 e identifique las razones por las que está fallando en la gestión del tiempo. Luego, revise los pasos en los capítulos siguientes y comience a implementarlos de inmediato.

Cuando implemente los pasos y estrategias de este libro, verá una marcada mejoría en su vida. Tendrá más control y tiempo para usted. Comience cada día con un logro que le dé energía. Esto puede ser un entrenamiento físico o una meditación.

Al principio, la implementación de estas técnicas puede hacer que se sienta incómodo. Pero las recompensas pueden hacer que su día sea altamente productivo. Experimentará una mayor confianza porque será más enérgico. Una vez que sus planes y actividades semanales se conviertan en un hábito, desafíese a crear un plan mensual.

Con el tiempo, usted debe desarrollar un plan de 3 meses, 6 meses y un plan anual. Tómese un fin de semana libre al final del año para reflexionar sobre el año anterior y planificar para el nuevo. Asegúrese de programar sus eventos, vacaciones y proyectos en su plan anual. Planificar su futuro con un plan bien diseñado puede calmar sus nervios en este mundo de incertidumbre.

Cuando usted está a cargo de su tiempo, ha mejorado la confianza que es notable para los demás. Ahorrar tiempo implica invertir algo de tiempo para planificar, hacer cambios y mejorar su vida. El consejo más significativo que puedo darle en este momento es: ¡no se pierda en la maleza! Con esto, quiero decir, no se pierda en cada pequeño detalle.

Para ser bueno en el manejo de su tiempo, es necesario que tome medidas en lugar de tratar de poner en orden hasta el último detalle. Incluso si usted se siente inseguro acerca de si está haciendo las cosas correctamente o no, es mucho más importante comenzar. No puedo enfatizar esto lo suficiente. Prometo que los resultados vendrán con un poco de práctica y experiencia. Eso es lo único que lo separa de alcanzar las metas que desea. No se preocupe si todo es 100% perfecto o si se siente escéptico de si esto funcionará o no para usted. Sólo hágalo. Todas estas excusas no harán más que frenar su crecimiento. Actúe ahora, no mañana. Su éxito depende de la acción que tome hoy.

Voy a desafiarte a que seas responsable. Llame a un amigo de confianza y comparta su objetivo de una mejor administración del tiempo. Así es, usted tendrá que rendir cuentas. Porque esta vez no va a fallar. Esta vez va a mejorar en la gestión de su tiempo. No importa quién sea usted, puede administrar su tiempo con mayor eficiencia. Usted lo merece. Así que, adelante, empiece ahora, ¡porque le espera una mayor productividad y una vida mejor!

Printed by BoD™in Norderstedt, Germany